Sämtliche Sprachkurse und Seminar-Videos finden Sie auf

www.birkenbihl-sprachen.de

sowie

www.birkenbihl.tv

Die Internetangebote werden laufend aktualisiert und erweitert.

Vera F. Birkenbihl, Rainer Gerthner
»Arbeitsbuch zu Spanisch lernen für Einsteiger 1 + 2«

Dieses Buch wurde auf FSC®-zertifiziertem Papier gedruckt. FSC® (Forest Stewardship Council®) ist eine nicht staatliche, gemeinnützige Organisation, die sich für eine ökologische und sozial verantwortliche Nutzung der Wälder unserer Erde einsetzt.

Texte: Vera F. Birkenbihl
Überarbeitung der Texte: Rainer Gerthner
Korrektorat: Pilar Martínez-Schwarz, Rainer Gerthner, Isabel Weiler, Martina Rohfleisch
Lektorat Einführung: Anke Schenker, Eva Harker, Rainer Gerthner
Dekodierung: Rainer Gerthner
Umschlagfoto: shutterstock.com
Umschlag + CD-Gestaltung: Beate B. Köhler
Satz: Beate B. Köhler
Lithografie und Herstellung: Robert B. Osten
Sprecher Sprachkurs: García Mayordomo, Pilar Martínez-Schwarz
Sprecher Einführung: Vanida Karun und Günter Merlau
Remastering: Robert B. Osten
CD-Duplikation: Klarsicht Verlag

Printed in Germany

3. vollständig überarbeitete Auflage
ISBN 978-3-98584-012-0 Sprachkurs auf CD
ISBN 978-3-98584-013-7 Arbeitsbuch Printausgabe

Besuchen Sie auch unsere Websites:
www.birkenbihl-sprachen.de | www.birkenbihl.tv | www.klarsicht-verlag.de

Klarsicht Verlag · Bramfelder Str. 102A · 22305 Hamburg · Germany · info@klarsicht-verlag.de

Inhaltsverzeichnis

Einführung

Herzlich willkommen! 5

Die 4 Schritte der Birkenbihl-Methode auf einen Blick 5

Schritt 1: Die Bedeutung erfassen 5

Schritt 2: Hören/AKTIV 5

Schritt 3: Hören/PASSIV............ 5

Schritt 4: Praxis! Sprechen – Lesen – Schreiben 5

Die 7 Garanten für Ihren Erfolg beim Sprachenlernen mit der Birkenbihl-Methode............ 6

Sprachenlernen ist leicht – auf die Methode kommt es an! 6

Die vier sprachlichen Grundfertigkeiten . 6

Die vier Schritte der Birkenbihl-Methode 7

Schritt 1: Die Bedeutung erfassen 7

Schritt 2: Hören/AKTIV 8

Schritt 3: Hören/PASSIV............ 8

Schritt 4: Praxis! Sprechen – Lesen – Schreiben 9

Drei Ratschläge für Ihren Erfolg......... 10

1. Persönliche Zielsetzung............ 10

2. Individualisieren Sie Ihre Unterlagen.. 10

3. Nehmen Sie sich Zeit! 10

Arbeitsblätter

Prolog Teil 1: Erster Kontakt........... 11

Dekodierte Fassung.................. 11

Spanische Fassung.................. 13

Lektion 1: Habe ich Ihren Namen richtig verstanden?.......................... 14

Dekodierte Fassung.................. 14

Spanische Fassung.................. 16

Lektion 2: Namen sind wichtig........... 18

Dekodierte Fassung.................. 18

Spanische Fassung.................. 19

Lektion 3: Sich selbst vorstellen.......... 21

Dekodierte Fassung.................. 21

Spanische Fassung.................. 23

Lektion 4: Wo leben Sie? 24

Dekodierte Fassung.................. 24

Spanische Fassung.................. 26

Lektion 5: Wie geht's Ihnen?............. 27

Dekodierte Fassung.................. 27

Spanische Fassung.................. 29

Lektion 6: Was machen Sie?.............. 31

Dekodierte Fassung.................. 31

Spanische Fassung.................. 34

Lektion 7: Und Sie, was machen Sie? 35

Dekodierte Fassung.................. 35

Spanische Fassung.................. 37

Lektion 8: Haben Sie Hunger?........... 38

Dekodierte Fassung.................. 38

Spanische Fassung.................. 40

Lektion 9: Im Restaurant................ 41

Dekodierte Fassung.................. 41

Spanische Fassung.................. 43

Lektion 10: Auf Wiedersehen............ 44

Dekodierte Fassung.................. 44

Spanische Fassung.................. 46

Epilog Teil 1 48

Dekodierte Fassung.................. 48

Spanische Fassung.................. 50

Prolog Teil 2: Ein Schritt nach dem anderen! 51
Dekodierte Fassung.......... 51
Spanische Fassung.......... 53
Lektion 11: Ein Telefonanruf 54
Dekodierte Fassung.......... 54
Spanische Fassung.......... 56
Lektion 12: Anweisungen 57
Dekodierte Fassung.......... 57
Spanische Fassung.......... 59
Lektion 13: Haben Sie viel Hunger? 60
Dekodierte Fassung.......... 60
Spanische Fassung.......... 62
Lektion 14: Ein Glas Bier 63
Dekodierte Fassung.......... 63
Spanische Fassung.......... 65
Lektion 15: Multiplikation (Anfang) 66
Dekodierte Fassung.......... 66
Spanische Fassung.......... 69
Lektion 16: Multiplikation (Ende) 70
Dekodierte Fassung.......... 70
Spanische Fassung.......... 72
Lektion 17: Ein Grammatikspiel 73
Dekodierte Fassung.......... 73
Spanische Fassung.......... 75
Lektion 18: Sich besser kennenlernen (Anfang) 77
Dekodierte Fassung.......... 77
Spanische Fassung.......... 79
Lektion 19: Sich besser kennenlernen (Ende) 80
Dekodierte Fassung.......... 80
Spanische Fassung.......... 82
Lektion 20: Alter und Zeit 83
Dekodierte Fassung.......... 83
Spanische Fassung.......... 86
Epilog Teil 2: Wie man weitermacht 87
Dekodierte Fassung.......... 87
Spanische Fassung.......... 89

Herzlich willkommen!

Sie wollen eine neue Sprache lernen, und zwar so schnell und leicht wie möglich. Mit diesem Sprachkurs werden Sie bei minimalem Lerneinsatz sehr rasch vorankommen, denn er ist nach der Birkenbihl-Methode aufgebaut. Mit ihr werden Sie leichter lernen als je zuvor. Die wichtigste Grundregel lautet nämlich: *Vokabel- und Grammatikpauken verboten!*

Da das Lernen nach der Birkenbihl-Methode von Ihren bisherigen Erfahrungen beim Fremdsprachenlernen sicher sehr stark abweicht, möchten wir Sie bitten: **Nehmen Sie sich einige Minuten Zeit, um diese Einleitung aufmerksam zu lesen.** Später werden Sie ein Vielfaches dieser Zeit einsparen.

Die 4 Schritte der Birkenbihl-Methode auf einen Blick

Schritt 1: Die Bedeutung erfassen

Lesen Sie den deutschen Text aufmerksam durch und versuchen Sie, sich die Handlung bildhaft vorzustellen. *Machen Sie aus dem geschriebenen Text einen fantasievollen Film, der vor Ihrem geistigen Auge abläuft.* Anschließend lesen Sie den deutschen Text der Wort-für-Wort-Übersetzung (= Dekodierung) durch und stellen sich die Handlung so bildhaft wie möglich vor.

Schritt 2: Hören/AKTIV

Aktives Hören bedeutet, dass Sie den geschaffenen Film mit der Fremdsprache verknüpfen. Dazu hören Sie sich die Aufnahme des Textes in langsamer Sprechgeschwindigkeit an und lesen gleichzeitig die Dekodierung mit.

Bei diesem Schritt verbindet Ihr Gehirn den Film mit den fremdsprachigen Worten. Wenn Sie diese Übung einige Male wiederholen, ist es Ihrem Gehirn bald egal, ob es das deutsche oder das fremdsprachige Wort hört.

Schritt 3: Hören/PASSIV

Lassen Sie die CD oder Audiodatei mit dem Text in normaler Sprechgeschwindigkeit leise im Hintergrund laufen, ohne (bewusst) zuzuhören. Bei diesem Schritt lernen Sie gewissermaßen passiv, während Sie Ihrer Arbeit oder Ihren Hobbys nachgehen. Ihr Unterbewusstsein gewöhnt sich nun an die Aussprache und den Klang der Fremdsprache.

Schritt 4: Praxis! Sprechen – Lesen – Schreiben

Trainieren Sie das Sprechen, Lesen und Schreiben in der Fremdsprache. Setzen Sie dabei eigene Schwerpunkte, und bereiten Sie sich gezielt auf bestimmte Situationen vor. Lassen Sie sich von einigen Beispielen inspirieren:

Sprechen: Eine einfache und sehr effektive Methode, das Sprechen zu üben, ist das Mitsprechen im Chor. Schon nach kurzer Zeit ahmen Sie die Aussprache der Sprecher perfekt nach.

Lesen: Üben Sie das Lesen, indem Sie den fremdsprachigen Text lesen. Sie werden sehen, wie gut Sie ihn nun auch ohne die deutsche Dekodierung verstehen.

Schreiben: Schreiben Sie den Text ab, oder üben Sie das klassische Diktat. Lassen Sie sich den Text von der CD oder Audiodatei diktieren. Wählen Sie Ihr Tempo selbst, indem Sie das Abspielen mit der Pausen-Funktion so lange unterbrechen, bis Sie den Text geschrieben haben.

Die 7 Garanten für Ihren Erfolg beim Sprachenlernen mit der Birkenbihl-Methode

1. **Vokabelpauken verboten!** Oder haben Sie Ihre Muttersprache durch Auswendiglernen einzelner, isolierter Wörter gelernt? Na eben!
2. **Sie lernen nur, was Sie lernen wollen,** wobei wir als Minimum das (verstehende) Hören der Fremdsprache voraussetzen.
3. **Sie entscheiden, ob Sie auch das Sprechen, Lesen und/oder Schreiben lernen wollen.** Wer sich vor allem unterhalten will, braucht nur das (verstehende) Hören und Sprechen zu lernen. Wer lesen und/oder schreiben können will, lernt auch das Lesen und/oder Schreiben. Warum sollen alle Lernenden (wie in der Schule) über einen Kamm geschoren werden, wenn jede/r andere Bedürfnisse hat?
4. **Grammatikregeln sind unnötig.** Wenn Sie nicht zu den 3% der Menschen gehören, für die Grammatik ein Genuss ist, dann brauchen Sie sich bei der Birkenbihl-Methode mit keiner einzigen Grammatikregel auseinanderzusetzen. Schließlich haben Sie ja auch Ihre Muttersprache so gut wie Ihre Umwelt gesprochen, ehe Sie (in der Schule) das erste Mal mit Grammatik konfrontiert worden sind!
5. **Sie brauchen keinen Lehrer.** Letztendlich muss man jede Sprache in den eigenen Kopf bekommen. Wenn die Lernmaterialien richtig aufgebaut sind, benötigen Sie keinen Unterricht, der die Lücken im Lehrbuch füllen soll.
6. **Sie brauchen keine Mitschüler!** Denn es hilft Ihnen nichts, wenn Sie die Fehler Ihrer Mitschüler als »Vorbild« zu hören bekommen; sonst ahmen Sie diese nach statt der guten Vorbilder auf den CDs bzw. im Onlinekurs oder in den MP3-Dateien! Denn das Imitieren dessen, was man hört, ist der Schlüssel zum Erfolg – so haben Sie auch Ihre Muttersprache gelernt. Je öfter Sie sich mit den guten Vorbildern dieses Kurses umgeben, desto schneller werden Sie in der Fremdsprache fühlen, denken und (re)agieren können!
7. **Ein Großteil der Lernarbeit wird an das Unterbewusste delegiert.** Nach dem Motto: Wenig aktive Lernzeit investieren, dafür möglichst oft passiv (nebenbei) hören! Diese Phase des passiven Hörens kostet keine Extraminute Ihrer Zeit!

Sprachenlernen ist leicht – auf die Methode kommt es an!

Die meisten Menschen glauben, sie hätten kein Sprachtalent. Sie halten die wenigen Menschen, die auf diesem Gebiet erfolgreich sind, für Ausnahmen. Das stimmt jedoch nur bedingt. Mit der falschen Lernmethode werden nur wenige Super-Begabte lernen können. Aber: *Mit der richtigen Methode können auch Normalbegabte erfolgreich sein!*

Die Birkenbihl-Methode ist deshalb so effektiv, weil sie *gehirn-gerechtes Lernen* ermöglicht. Die vier Lernschritte zielen darauf ab, die *Struktur der Fremdsprache transparent zu machen.* Da das Gelernte schnell und leicht im Unterbewusstsein verankert wird, wird es weit besser behalten und kann bei Bedarf sicher abgerufen werden.

Sie müssen überhaupt nicht glauben, dass es funktioniert! Zweifeln Sie nach Herzenslust, aber machen Sie einen fairen Selbstversuch. Befolgen Sie die einfachen *Spielregeln zum sicheren Sprachlernerfolg* und überzeugen Sie sich selbst. Beweisen Sie sich, dass auch Sie mit Freude erfolgreich Sprachen lernen können. Dabei gewinnen Sie nicht nur Sprachkenntnisse, sondern stärken auch Ihr Selbstwertgefühl, denn jede Verbesserung irgendeiner Fertigkeit bewirkt genau das. Deshalb macht das *Lernen mit diesem Kurs nach der Birkenbihl-Methode wirklich Freude,* wie Sie sehr bald sehen werden.

Die vier sprachlichen Grundfertigkeiten

Wenn wir uns mit Sprache befassen (auch mit unserer Muttersprache), dann gibt es *vier verschiedene Fertigkeiten,* die wir mehr oder weniger gut beherrschen:

- **Hören** (verstehen, begreifen, was jemand sagt),
- **Sprechen,**
- **Lesen** (leise oder laut vorlesen) und
- **Schreiben** (abschreiben, nach Diktat oder frei schreiben).

Merke: Wer in seiner Muttersprache gut verstehen (hören) kann, der kann dies auch in anderen Sprachen lernen. Anders ausgedrückt: *Wer in seiner Muttersprache gut und flüssig sprechen kann, der kann auch lernen, in anderen »Zungen« zu reden!* Aber auch das Gegenteil ist richtig: *Wer in seiner Muttersprache lieber zuhört, als aktiv zu erzählen, der wird in einer anderen Sprache ähnlich reagieren!*

Und wer in seiner Muttersprache ungern (oder schlecht) liest (oder Briefe schreibt), der wird auch ungern in einer anderen Sprache lesen oder schreiben. Trotzdem versuchen die meisten SprachlehrerInnen (die es natürlich gut meinen), ihren jungen oder erwachsenen Lernern alle vier Fertigkeiten in gleichem Umfang beizubringen. Das müssen sie auch, wenn sie mit Gruppen arbeiten.

Aber Sie, liebe Leserin, lieber Leser, Sie können sich Ihren Lernweg selbst aussuchen. Möchten Sie nur hören und verstehen können, um schon bald Fernsehsendungen und Filme in Ihrer Wunschsprache zu verfolgen? Warum sollten Sie sich dann mit dem Schreiben quälen, wenn Ihnen das keinen Spaß macht? Das ist der große Vorteil, den Sie als erwachsener Selbstlerner haben: Sie allein entscheiden, was Sie können wollen. Und das lernen Sie dann mit der Birkenbihl-Methode!

So, nun wissen Sie genug, um zu erfahren, was Sie konkret tun sollen, damit Sie noch heute beginnen können, schnell und leicht die von Ihnen gewählte Sprache zu lernen! Wetten, dass auch Sie sich in Zukunft über Ihre stetigen Erfolgserlebnisse freuen werden?! Auch wenn Sie jetzt noch zweifeln, hoffe ich, dass Sie den Versuch wagen und sagen: »Top, die Wette gilt!«

Die 4 Schritte der Birkenbihl-Methode

Schritt 1: Die Bedeutung erfassen

Lesen Sie den deutschen Text aufmerksam durch und versuchen Sie, sich die Handlung bildhaft vorzustellen. Fragen Sie sich: Worum geht es in diesem Text? *Diese Übung soll aus dem geschriebenen Text einen fantasievollen Film machen,* der vor Ihrem geistigen Auge abläuft. Je lebendiger Sie sich die Handlung vorstellen, desto leichter wird Ihnen (in Schritt 2) das Verstehen der fremden Sprache fallen.

Nachdem Sie den deutschen Text visualisiert haben, nehmen Sie sich den Text in der deutschen Dekodierung mit einem Farbstift vor: Lesen Sie die Dekodierung langsam durch, und stellen Sie sich das Gelesene wieder bildlich vor. Sorgen Sie dafür, dass Sie wirklich verstehen, worum es geht, was passiert, wer zu wem spricht etc.

Den deutschen Text sowie die Dekodierung finden Sie auf den Arbeitsblättern ab Seite 11, die auch als PDF-Datei diesem Kurs beigefügt sind. Diese Arbeitsblätter sind absichtlich in schwarzweiß gehalten, damit Sie sie mit farbigen Stiften bearbeiten können.

Diese wortwörtliche Übersetzung kann teilweise sehr amüsant wirken. Lassen Sie sich spielerisch und mit Neugierde auf diese Erfahrung ein. So wird der fremdsprachige Text vom ersten Wort an transparent.

Wenn Sie noch keine Vorkenntnisse haben, dann lesen Sie zu diesem Zeitpunkt bitte ausschließlich den deutschen Text der Dekodierung! Kümmern Sie sich überhaupt noch nicht um die Wörter der Fremdsprache. Malen Sie das Deutsche mit einem farbigen Stift an, damit Ihre Augen dieser »Spur« leicht folgen können.

Haben Sie hingegen bereits Vorkenntnisse, dann lesen Sie den fremdsprachigen Text langsam, aber nur solange Sie jedes Wort sofort und sicher deuten können. Sie wollen ganz genau verstehen, was der Text Ihnen vermitteln möchte! Wann immer Sie auf ein Wort treffen, das Ihnen nicht sofort klar ist, dann gilt: Malen Sie die deutsche Dekodierung unter diesem Wort an. So werden Ihre Augen später an dieser Stelle automatisch das farbig markierte deutsche Wort erfassen!

Eine Besonderheit, die den *Lernerfolg fördert,* besteht darin, dass Sie sich bei der Birkenbihl-Methode immer nur auf *einen einzigen Aspekt* konzentrieren. In Schritt 1 geht es daher nur um das Verständnis. In manchen Kursen wird zwar bereits eine Übersetzung angeboten, aber wiewohl eine sogenannte »gute Übersetzung« bereits förderlich ist, ist die Dekodierung noch hilfreicher, denn dadurch erschließt sich Ihnen die Struktur der Fremdsprache vom ersten Satz an.

Ist der dekodierte Text dem »guten Deutsch« sehr ähnlich, dann ist diese Art von Satz für uns leicht zu lernen. Weicht das »Pseudo-Deutsch« hingegen vom »guten Deutsch« ab, so registrieren Sie dies unbewusst und können sich diese Struktur genauso leicht unbewusst einprägen, wie Sie einst die typischen Strukturen Ihrer Muttersprache gelernt haben.

Beim Lesen der Wort-für-Wort-Übersetzung darf gelacht werden! »Pseudo-Deutsch« kann sehr erheiternd wirken, da ja die fremdsprachige Satzkonstruktion der deutschen nicht immer entspricht. Allerdings sollte uns klar sein, dass gerade jene »witzigen« Satzstrukturen für nicht-deutschsprachige Menschen, die Deutsch lernen, sehr schwierig sind, weil unsere sprachliche Form ihnen genauso komisch erscheint. Das vergessen wir oft, wenn uns die »fremde« Formulierung eigenartig anmutet.

Schritt 2: Hören/AKTIV

In dieser Phase arbeiten Sie mit dem *dekodierten Text* und der *langsamen fremdsprachigen Version.*

Aktives Hören bedeutet, dass Sie die in Schritt 1 gemachten Bilder mit den fremdsprachigen Wörtern verknüpfen. *In diesem Moment verbindet Ihr Gehirn Ihr Bild mit dem entsprechenden Wort der Fremdsprache.* Wenn Sie diese Übung einige Male wiederholen, ist es Ihrem Gehirn bald egal, ob es das deutsche oder fremdsprachige Wort hört. Es wird Ihnen in beiden Fällen das gleiche Bild anbieten. Mit anderen Worten: Sie verstehen den Text nun auch in der von Ihnen gewählten Fremdsprache. Ganz nebenbei haben Sie in dem Moment des Verstehens die fremdsprachige *Sprachstruktur* mitgelernt.

Wenn Sie EinsteigerIn sind, hören Sie jetzt Satz für Satz und lesen Sie dabei die deutsche Dekodierung mit. Satz für Satz bedeutet im Klartext, dass Sie zunächst wirklich nach jedem Satz die Pause-Funktion Ihres Abspielgeräts betätigen. Dies gibt Ihnen genügend Zeit, sowohl den fremdsprachigen Klang auf sich wirken zu lassen, als auch die Bedeutung zu registrieren!

Wenn Sie Vorkenntnisse haben, können Sie gleich den fremdsprachigen Text mitlesen, wobei Sie neue fremdsprachige Wörter überspringen, weil Sie an deren Stelle die deutschen Wörter lesen, die Sie bei Schritt 1 farbig markiert haben.

Sie erinnern sich, dass Sie mit der Birkenbihl-Methode jeweils nur einen einzigen Aspekt trainieren. In Schritt 1 war dies das Verstehen des Textes. In *Schritt 2* binden Sie dieses Verständnis an den *Klang der fremdsprachigen Wörter.* Das ist enorm wichtig! Deshalb müssen Sie Schritt 2 langsam durchlaufen! Bedenken Sie bitte, dass Sie insgesamt enorm viel Zeit sparen, weil Sie anders vorgehen als früher. Da musste man zuerst Vokabeln büffeln und den Text mühselig entziffern. All das fällt jetzt weg! Deshalb können Sie sich beim Hören/AKTIV wirklich Zeit lassen: *Je gründlicher Sie diesen Schritt durchlaufen, desto mehr Zeit werden Sie später einsparen!*

Auf diese Weise gehen Sie den Text abschnittsweise (ganz langsam und gemütlich) so lange durch, bis Sie den dekodierten Text nicht mehr brauchen. Sie können jetzt jeden Satz dieses Abschnittes (ohne Benutzung der Pause-Funktion) verstehen, ohne den deutschen Text mitzulesen.

Am Ende von Schritt 2 ist es für Ihr Gehirn vollkommen egal, ob Sie diesen Text in der Fremdsprache oder in Ihrer Muttersprache hören, weil Sie ihn auf jeden Fall hervorragend verstehen werden!

Wenn Sie anfangen, sich mit der langsamen Sprechgeschwindigkeit zu langweilen, ist der Moment gekommen, auf die normale Sprechgeschwindigkeit umzusteigen.

Schritt 3: Hören/PASSIV

In diesem Schritt lernen Sie nicht bewusst, sondern mit dem *Unterbewusstsein,* während Sie Ihrer Arbeit oder Ihren Hobbys nachgehen. Ihr Unterbewusstsein gewöhnt sich nun an die Aussprache und den Klang der fremden Sprache.

Gleichzeitig lernen Sie auch die Satzstruktur, die Sie durch die Dekodierung bereits registriert haben und die sich bei jeder weiteren passiven Wiederholung tiefer ins Unterbewusstsein einschleift! *Das geht kinderleicht, da Sie bei jedem Passivhören quasi einen Mini-Aufenthalt im Zielland erleben.* Einen Mini-Aufenthalt, der Sie keine Extraminute Ihrer wertvollen Zeit (und kein Geld) kostet.

Ich weiß, dass viele Menschen die Idee des passiven Lernens zunächst ablehnen, weil der sogenannte gesunde Menschenverstand (d. h. unsere »Programmierung« aus der Kindheit) dagegenspricht. Bitte bedenken Sie jedoch, ehe Sie diesen Schritt vielleicht ablehnen: *Passives Lernen kostet keine einzige Minute Ihrer wertvollen Zeit!* Passives Hören läuft »völlig nebenbei« ab! So sehen Sie sich z. B. einen spannenden Krimi im Fernsehen an und lassen gleichzeitig leise Ihren Sprachentext im Hintergrund laufen. Je mehr Sie sich auf den Film konzentrieren, desto besser! Oder Sie lassen die Audio-Datei leise laufen, während Sie Musik hören und/oder lesen. Es kostet Sie ja keine Zeit, das Experiment zu wagen, oder?!

Passives Hören kann allerdings nur funktionieren, wenn wir nicht alle zwei Minuten die Wiedergabe neu starten müssen. Daher empfehlen wir Ihnen, eine automatische Wiederholung zu programmieren. Wichtig ist, dass Sie sich in Schritt 2 *genug Zeit* gelassen haben, sodass Sie jetzt wirklich alles mühelos verstehen können.

Beachten Sie, dass die verschiedenen Arbeitsschritte parallel durchgeführt werden: Während Sie einen speziellen Textabschnitt (tagelang, so oft wie möglich) passiv hören, beginnen Sie natürlich bereits mit den nächsten Textabschnitten (Schritt 1 und Schritt 2)!

Wenn Ihnen später Schritt 4 schwierig erscheint, liegt es nicht etwa daran, dass er schwierig ist, *sondern dass Sie zu früh mit Schritt 4 begonnen haben*. In diesem Fall heißt es: diesen Textabschnitt weiterhin passiv hören.

Genau hierin liegt ein wesentlicher Unterschied zum klassischen Sprachenlernen. Dabei geht man nämlich davon aus, dass alle Lernvorgänge in etwa gleich lang dauern, aber das ist nicht so. So kann Frau Peters z. B. 10 Minuten für Schritt 1 benötigen, während sie für Schritt 2 eine Stunde braucht (weil sie noch ganz am Anfang steht).

Es ist möglich, dass sie erst in drei Wochen die ersten Sprech-Aktivitäten mit diesem Textabschnitt beginnt, während sie mit späteren Lektionsabschnitten bereits die Schritte 1 und 2 durchlaufen hat und nun auch diese Abschnitte passiv (Schritt 3) zu hören beginnt. Und es kann sein, dass Frau Peters zu einem bestimmten Zeitpunkt die ersten beiden Lektionen voll beherrscht (Sprechen, Lesen und/oder Schreiben) und mit Schritt 4 gerade bei der dritten Lektion beginnt, während sie mit dem aktiven Hören (Schritt 2) bereits bis zur letzten Lektion vorgedrungen ist.

Es gibt sehr viele Gelegenheiten, bei denen Sie passiv hören können: z. B. beim Spazierengehen, Lesen, Fernsehen, während Sie Ihrem Hobby oder Ihrer Arbeit nachgehen.

Schritt 4: Praxis!
Sprechen – Lesen – Schreiben

Jetzt kennen Sie den Text (fast) auswendig, daher können Sie nun gezielt Lern-Aktivitäten mit großem Erfolg planen und durchführen. Dieser Lernschritt beinhaltet sehr viele Möglichkeiten, diesen Kurs nach Ihren speziellen Wünschen zu gestalten. Neben den hier vorgestellten finden Sie eine Vielzahl in meinem Buch »Sprachenlernen leichtgemacht«, das ebenfalls im Klarsicht Verlag erschienen ist (ISBN 978-3-98584-202-5).

Die Fremdsprache sprechen lernen

Es ist viel leichter, als Sie vielleicht befürchten. Wer in der Schule Probleme mit dem Sprechen einer Fremdsprache hatte, der erinnere sich: Wir mussten immer viel zu früh sprechen! Beim Vokabellernen sollten wir die Wörter zumindest halblaut murmeln, d. h. zu einem Zeitpunkt, als wir noch gar nicht wussten, wie sie klingen würden (es fehlten die Schritte 2 und 3)! Und im Unterricht sollten wir Sätze sagen, deren Sinn wir noch gar nicht begriffen hatten (es fehlten die Schritte 1 und 2)!

Allerdings gab es einmal eine hervorragende Technik, das Sprechen zu lernen, nämlich das gemeinsame *Sprechen im Chor* mit der Klasse. Wer eine Sprache auf diese Weise gelernt hat, der kann noch zwanzig Jahre danach ganze Passagen rezitieren und weiß auch genau, was er da erzählt. Leider wurde diese Technik in den meisten Schulen abgeschafft!

Aber dank der modernen Technik können Sie mit Ihrer CD (oder Ihrem Audio-Player im Computer, Smartphone oder Tablet) im Chor sprechen, wann immer, wo immer und wie oft Sie wollen. Das geht so: Zuerst drehen Sie die Lautstärke relativ stark auf, während Sie ziemlich leise mitsprechen. Nach einer Weile können Sie den Ton Ihrer Vorbilder immer leiser drehen, weil Sie jetzt lauter und mit mehr Selbstvertrauen sprechen.

Nach einigem Training ist der Ton der CD/des Players fast nicht mehr zu hören. Genauso wie Sie das dekodierte »Pseudo-Deutsch« nur vorübergehend als »Krücke« benutzen, brauchen Sie den Originalton nun lediglich als Stütze.

Und so sollte Lernen auch vonstatten gehen: Als Kind sind Sie auf allen Vieren gekrochen, ehe Sie laufen konnten. Aber als Sie sich dann aufgerichtet haben, konnten Sie sehr schnell ohne Stütze gehen und bald auch laufen, springen, Rollschuhfahren und vieles mehr!

Wenn Sie einen Text auf diese Weise durch die vier Schritte »gezogen haben«, dann heißt das: Alles, was die Personen in den Lektionen sagen oder denken, können Sie hinterher mit derselben Sicherheit sagen oder (laut bzw. leise) denken! Und Ihre Aussprache klingt nicht »typisch deutsch«, sondern (fast) wie die eines Einheimischen. Man muss es erprobt haben, um zu erleben, wie leicht es geht!

Wer einen Text mit der Chor-Methode trainiert, wird später – im »richtigen« Leben – in vergleichbaren Situationen mit ganzen Sätzen aus der Lektion reagieren, und zwar automatisch! Darüber muss man nicht nachdenken, es »passiert« einfach. Wenn es das erste Mal geschieht, ist man meistens selbst völlig verblüfft und fragt: »Habe ich das gesagt?« Ja, das haben Sie gesagt, denn durch das Lernen Schritt für Schritt nach der Birkenbihl-Methode haben sich die Grundstrukturen und Satzmuster der Fremdsprache in Ihr Unterbewusstsein eingeschliffen.

In einer konkreten Situation in den Ländern, in denen die von Ihnen gewählte Sprache gesprochen wird, werden diese Muster aktiviert; wenn Sie nun sprechen, wiederholen Sie nicht nur die Ihnen bekannten Sätze aus dem Buch, sondern Sie sind automatisch in der Lage, innerhalb der Ihnen vertrauten Muster einzelne Elemente nach Bedarf spontan zu variieren, also Ihre »eigenen« Sätze zu bilden. Das muss so laufen, weil Sie durch die Birkenbihl-Methode gewissermaßen in die neue Sprache »eintauchen«, d. h., Sie lernen, diese zu denken!

Die Fremdsprache lesen lernen

Wenn Sie lesen lernen wollen, dann können Sie sich jetzt mit dem fremdsprachigen Text beschäftigen. Beginnen Sie dabei mit der Dekodierung. Diesmal markieren Sie jedoch mit einem Stift anderer Farbe den Originaltext, damit Ihre Augen diesem gut folgen können, während Sie den Text wieder bewusst hören und dabei Wort für Wort mitlesen. Aktivieren Sie die *Pause-Funktion*, sooft Sie wollen. Lassen Sie sich Zeit! Fahren Sie in dieser Weise fort, bis Sie den Text lesen können, ohne zwischendurch auf die Dekodierung zu schielen.

Die Fremdsprache schreiben lernen

Wenn Sie schreiben lernen wollen, dann gibt es viele Möglichkeiten zu üben, z. B. schreiben Sie Textpassagen aus dem Lehrbuch ab, die Ihnen gefallen oder die Wörter enthalten, die Sie besonders interessieren. Oder Sie kopieren einige Textabschnitte aus dem Originalbuch; dann übermalen Sie einige Wörter mit Tipp-Ex. Nun können Sie testen, ob Sie beim Abschreiben die fehlenden Wörter auswendig wissen und ergänzen können.

Sie können natürlich auch die langsame Version verwenden, um nach Diktat zu schreiben. Arbeiten Sie auch hier wieder mit der Pause-Funktion, sooft Sie wollen, bis Sie einen Satz in Ruhe geschrieben haben.

Das waren einige erste Anregungen. Beweisen Sie sich, dass auch Sie leicht und mit Faszination Fremdsprachen lernen können. Sie erinnern sich an unsere Wette? *Ich wette, dass es Ihnen viel Freude machen wird!*

Drei Ratschläge für Ihren Erfolg

1. Persönliche Zielsetzung

Wenn Sie genau wissen, warum Sie die von Ihnen gewählte Sprache sprechen wollen und es sich auch in vielen Einzelheiten bildlich vorstellen können (z. B. wie Sie mit Ihrem Wohnmobil durch das entsprechende Land fahren und sich mit »Einheimischen« fließend unterhalten können), dann »schaltet« Ihr Gehirn bei allen Informationen, die mit dieser Zielrichtung zu tun haben, automatisch auf Empfang. Das heißt für die Praxis, dass Sie mit einem klaren Ziel vor Augen viel aufmerksamer und damit erfolgreicher lernen werden. Denn das beste Werkzeug ist für Sie nur dann von Nutzen, wenn Sie eine klare Vorstellung haben, wofür Sie es verwenden wollen.

2. Individualisieren Sie Ihre Unterlagen

Nehmen Sie Farbstifte und machen Sie diesen Kurs zu Ihrem Kurs. Unterstreichen oder umkreisen Sie, was Ihnen besonders wichtig ist oder was Ihnen besonders merkwürdig erscheint. Tun Sie dies insbesondere bei der Wort-für-Wort-Übersetzung. Je bunter, desto besser, denn Farben unterstützen Ihre kreative Seite.

3. Nehmen Sie sich Zeit!

Gehen Sie langsam durch die vier Schritte der Birkenbihl-Methode, denn dann werden Sie langfristig ca. drei Viertel der normal zu veranschlagenden Lern-Zeit einsparen können! Dazu eine kleine Geschichte:

> Till Eulenspiegel saß am Wegesrand, als eine Kutsche mit vier Pferden aus der Entfernung heranraste. Als sie vor ihm hielt, schrie der Kutscher: »Wie weit ist es noch zur Stadt?« Eulenspiegel antwortete: »Wenn Ihr langsam fahrt, werdet Ihr in zehn Minuten dort ankommen. Rast Ihr hingegen, wird es Stunden dauern.« Darauf der Kutscher: »Idiot!« Er drosch auf die Pferde ein und preschte davon. Eulenspiegel begann langsam in Richtung Stadt zu wandern. Als er eine halbe Stunde gegangen war, begegnete er dem Kutscher, dessen Kutsche im Graben lag. »Was ist passiert?«, fragte Eulenspiegel. »Achsenbruch«, antwortete der Kutscher. »Ich sagte es Euch ja«, erklärte der Schelm schmunzelnd: »Wenn Ihr es langsam angeht, kommt Ihr weit schneller voran, als wenn Ihr meint, besonders schnell vorgehen zu müssen!«

Prolog Teil 1: Erster Kontakt

1P|01 J:[1] Willkommen! Sie sind dabei, eine Reise zu machen. Eine Reise in die spanische Sprache. Mit einer geeigneten Methode macht Lernen Spaß und ist leicht.

1P|02 M: Folgen Sie unseren Anweisungen in der Anleitung. Beginnen Sie langsam und ruhig. Lassen Sie sich Zeit. Niemand drängt Sie. Wählen Sie Ihren eigenen Rhythmus. Bald werden Sie das Wichtigste bemerken:

1P|03 J: Sie werden sich mit jedem Satz, den Sie lernen, verbessern. Das macht Spaß …

1P|04 M: … und ist großartig für Ihr Selbstvertrauen.

1P|05 J: Fangen wir mit Ihnen an. Stellen Sie sich vor, dass Sie eine Person zum ersten Mal treffen.

1P|06 M: Was ist das Erste, das Sie anderen Personen über sich sagen wollen?

1P|07 J: Ich sage meinen Namen. Und Sie?

1P|08 M: Ich auch. Wir fangen damit an: Ich heiße Miguel Arenas.

1P|09 J: Freut mich, Sie kennenzulernen, Herr Arenas.

1P|10 M: Freut mich auch. Wie heißen Sie, bitte?

1P|11 J: Ich heiße Juana, Juana Rosales.

1P|12 M: Guten Tag, Frau Rosales. Habe ich Ihren Namen richtig verstanden?

1P|13 J: Ja, er ist leicht. Denken Sie an Rosensträucher, die Pflanzen der Rosen.

1P|14 M: Mein Name ist auch leicht. Denken Sie an Sand wie Sand am Strand oder Sand in der Wüste.

Dekodierte Fassung

Prólogo: Primer contacto
Prolog: Erster Kontakt

1P|01 J: ¡Bienvenidos! Usted está a punto de hacer un viaje. Un viaje
¡Willkommen! Sie sind dabei von machen eine[2] Reise. Eine Reise

al idioma español. Aprender con el método adecuado es
in_die Sprache spanische. Lernen mit der Methode geeigneten ist

divertido y fácil.
vergnüglich und leicht.

1P|02 M: Siga usted nuestras instrucciones en el manual. Empiece
Folgen Sie unseren Anweisungen in der Anleitung. Beginnen Sie[3]

despacio y reposadamente. Tómese tiempo. Nadie le
langsam und ruhig. Nehmen_Sie_sich Zeit. Niemand Sie

apura. Marque usted su propio ritmo. Pronto
drängt. Wählen Sie Ihren eigenen Rhythmus. Bald Sie

---

1 Um Ihnen die Orientierung zu erleichtern, sind einander entsprechende Absätze im deutschen Text, in der dekodierten Fassung und in der spanischen Fassung jeweils mit gleichen Nummern versehen. Auf jede Nummer folgt der abgekürzte Name des/der jeweils Sprechenden („J" für Juana und „M" für Miguel).

2 Das grammatikalische Geschlecht des Spanischen wird in der Dekodierung nicht berücksichtigt.

3 Da die Endungen der Zeitwörter im Spanischen meist eindeutig sind, fehlen oft die Fürwörter (ich, du, er …). In der Dekodierung werden sie ergänzt.

advertirá lo más importante:
bemerken_werden das meist Wichtige:

1P|03 J: Usted mejorará con cada frase que aprenda. Es
Sie verbessern_werden mit jedem Satz den Sie lernen. Das ist

divertido …
vergnüglich …

1P|04 M: … y magnífico para su autoconfianza.
… und großartig für Ihr Selbstvertrauen.

1P|05 J: Comencemos con usted. Imagínese que se encuentra
Anfangen wir mit Ihnen. Vorstellen_Sie_sich dass Sie sich treffen

con una persona por primera vez.
mit einer Person für erstes Mal.

1P|06 M: ¿Qué es lo primero que desea decir a otras personas
¿Was ist das Erste das Sie wünschen sagen zu anderen Personen

sobre usted?
über Sie?

1P|07 J: Yo digo mi nombre. ¿Y usted?
Ich sage meinen Namen. ¿Und Sie?

1P|08 M: Yo también. Comenzamos con: me llamo Miguel Arenas.
Ich auch. Wir anfangen mit: ich mich nenne Miguel Arenas.

1P|09 J: Me alegro de conocerle, señor Arenas.
Ich mich freue von kennenlernen_Sie, Herr Arenas.

1P|10 M: Yo también me alegro. ¿Cómo se llama usted, por favor?
Ich auch mich freue. ¿Wie sich nennen Sie, bitte?

1P|11 J: Yo me llamo Juana. Juana Rosales.
Ich mich nenne Juana. Juana Rosales.

1P|12 M: Buenos días, señora Rosales. ¿He entendido bien su nombre?
Gute Tage, Frau Rosales. ¿Habe ich verstanden gut Ihren Namen?

1P|13 J: Sí, es fácil. Piense en los rosales, las plantas de
Ja, er ist leicht. Denken Sie an die Rosensträucher, die Pflanzen von

las rosas.
den Rosen.

1P|14 M: Mi nombre también es fácil. Piense en arena, como arena en
Mein Name auch ist leicht. Denken Sie an Sand, wie Sand an

la	playa,	o	arena	en	el	desierto.
dem	**Strand,**	**oder**	**Sand**	**in**	**der**	**Wüste.**

Spanische Fassung

Prólogo: Primer contacto

1P|01 J: ¡Bienvenidos! Usted está a punto de hacer un viaje. Un viaje al idioma español. Aprender con el método adecuado es divertido y fácil.

1P|02 M: Siga usted nuestras instrucciones en el manual. Empiece despacio y reposadamente. Tómese tiempo. Nadie le apura. Marque usted su propio ritmo. Pronto advertirá lo más importante:

1P|03 J: Usted mejorará con cada frase que aprenda. Es divertido …

1P|04 M: … y magnífico para su autoconfianza.

1P|05 J: Comencemos con usted. Imagínese que se encuentra con una persona por primera vez.

1P|06 M: ¿Qué es lo primero que desea decir a otras personas sobre usted?

1P|07 J: Yo digo mi nombre. ¿Y usted?

1P|08 M: Yo también. Comenzamos con: me llamo Miguel Arenas.

1P|09 J: Me alegro de conocerle, señor Arenas.

1P|10 M: Yo también me alegro. ¿Cómo se llama usted, por favor?

1P|11 J: Yo me llamo Juana. Juana Rosales.

1P|12 M: Buenos días, señora Rosales. ¿He entendido bien su nombre?

1P|13 J: Sí, es fácil. Piense en los rosales, las plantas de las rosas.

1P|14 M: Mi nombre también es fácil. Piense en arena, como arena en la playa, o arena en el desierto.

Lektion 1: Habe ich Ihren Namen richtig verstanden?

01|01 J: Gestern kam ich mit verschiedenen Personen zusammen, die ich noch nicht kannte. Ihre Namen waren größtenteils leicht für mich, aber es gab da einen Herrn namens Panayotis. Ich fand diesen Namen ein wenig schwierig.

01|02 M: Das ist ein griechischer Name. Ich bin sicher, dass Herr Panayotis unsere Namen zunächst auch seltsam fand.

01|03 J: Stimmt. Wie fanden Sie diesen Namen so leicht, Herr Arenas?

01|04 M: Nun, erstens, weil ich vorher andere Griechen kennengelernt habe und Panayotis ein geläufiger Name in Griechenland ist. Und zweitens, weil ich immer Gedächtnistechniken benutze, um mir neue Namen zu merken.

01|05 J: Ich auch. Zumindest versuche ich es. Aber ich muss zugeben, dass ich zunächst Schwierigkeiten mit dem Namen Panayotis hatte.

01|06 M: Als ich diesen Namen zum ersten Mal hörte, dachte ich an den griechischen Gott Pan …

01|07 J: Klar! Pan, der die Flöte spielt?

01|08 M: Richtig! Und der letzte Teil „yotis“ erinnerte mich an einen Jungen in meiner Nachbarschaft, dessen Name „Iotis“ war.

01|09 J: Nun, wenn man einen Jungen kennt, der Iotis heißt, ist es schon leichter.

01|10 M: Je mehr Namen Sie lernen, desto leichter ist es für Sie, sich andere neue Namen zu merken.

01|11 J: Mit anderen Worten, mit jedem Namen, den Sie lernen, werden Sie sich verbessern.

01|12 M: Klar. Es wird immer leichter.

01|13 J: Machen wir ein Spiel. Ich tue so, als wäre ich eine Freundin von mir …

01|14 M: … und ich tue so, als wäre ich ein Freund von mir.

01|15 J: Und wir treffen uns zum ersten Mal; sagen wir, auf einer Party.

01|16 M: Hallo! Ich bin Pedro Paniagua.

01|17 J: Hallo, Herr Paniagua. Freut mich, Sie kennenzulernen. Mein Name ist Susana Cerezo.

01|18 M: Freut mich, Sie kennenzulernen, Frau Cerezo. Habe ich Ihren Namen richtig verstanden?

01|19 J: Ja, er schreibt sich wie der Name des „Kirschbaums“.

Dekodierte Fassung

Lección Primera: ¿He entendido bien su nombre?
Lektion Erste: ¿Habe ich verstanden gut Ihren Namen?

01|01 J: Ayer me reuní con varias personas que
Gestern ich mich zusammenfand mit verschiedenen Personen die ich

aún no conocía. Sus nombres eran en su mayoría fáciles para mí,
noch nicht kannte. Ihre Namen waren größtenteils leicht für mich,

pero había un señor llamado Panayotis. Encontré ese
aber es hatte einen Herrn genannt Panayotis. Ich fand diesen

nombre un poco difícil.
Namen ein wenig schwierig.

01|02 M: Es un nombre griego. Estoy seguro de que el
Das ist ein Name griechischer. Ich bin sicher da‿ von dass der

señor Panayotis también encontró extraños nuestros nombres al principio.
Herr Panayotis auch fand seltsam unsere Namen zunächst.

01|03 J: Es cierto. ¿Cómo encontró usted ese nombre tan fácil, señor Arenas?
Das ist wahr. ¿Wie fanden Sie diesen Namen so leicht, Herr Arenas?

01|04 M: Bueno, primero porque yo he conocido a otros griegos
Nun, erstens weil ich habe kennengelernt zu anderen Griechen

antes, y Panayotis es un nombre corriente en Grecia. Y
vorher, und Panayotis ist ein Name geläufiger in Griechenland. Und

segundo porque yo siempre uso técnicas de memoria para
zweitens weil ich immer benutze Techniken von Gedächtnis für

recordar nuevos nombres.
merken neue Namen.

01|05 J: Yo también. Por lo menos lo intento. Pero tengo que admitir
Ich auch. Zumindest ich es versuche. Aber ich habe zu zugeben

que al principio tuve dificultades con el nombre Panayotis.
dass zunächst ich hatte Schwierigkeiten mit dem Namen Panayotis.

01|06 M: Cuando oí ese nombre por primera vez pensé en el
Als ich hörte diesen Namen für erstes Mal ich dachte an den

dios griego Pan …
Gott griechischen Pan …

01|07 J: ¡Claro! ¿Pan tocando la flauta?
¡Klar! ¿Pan spielend die Flöte?

01|08 M: ¡Correcto! Y la última parte, "yotis", me recordó a un
¡Richtig! Und der letzte Teil, „yotis“, mich erinnerte an einen

joven de mi vecindad cuyo nombre era "Iotis".
Jungen von meiner Nachbarschaft dessen Name war „Iotis“.

01|09 J: Bueno, conociendo a un joven llamado Iotis ya es más fácil.
Nun, kennend zu einem Jungen genannt Iotis schon es ist mehr leicht.

01|10 M: Cuantos más nombres aprenda usted, tanto más fácil le
Wie_viele mehr Namen lernen Sie, so_viel mehr leicht Ihnen

será recordar otros nuevos.
sein_wird merken andere neue.

01|11 J: En otras palabras, con cada nombre que aprenda, usted
In anderen Worten, mit jedem Namen den Sie lernen, Sie

mejorará.
verbessern_werden.

01|12 M: Claro. Cada vez será más fácil.
Klar. Immer es sein_wird mehr leicht.

01|13 J: Hagamos un juego. Yo haré como si fuera una
Machen wir ein Spiel. Ich tun_werde als ob ich wäre eine

amiga mía …
Freundin meine …

01|14 M: … y yo haré como si fuera un amigo mío.
… und ich tun_werde als ob ich wäre ein Freund mein.

01|15 J: Y nosotros nos encontramos por primera vez; digamos, en una fiesta.
Und wir uns treffen für erstes Mal; sagen wir, auf einer Party.

01|16 M: ¡Hola! Yo soy Pedro Paniagua.
¡Hallo! Ich bin Pedro Paniagua.

01|17 J: Hola, señor Paniagua. Me alegro de conocerle. Mi
Hallo, Herr Paniagua. Ich mich freue von kennenlernen_Sie. Mein

nombre es Susana Cerezo.
Name ist Susana Cerezo.

01|18 M: Me alegro de conocerla, señora Cerezo. ¿He
Ich mich freue von kennenlernen_Sie, Frau Cerezo. ¿Habe ich

entendido bien su nombre?
verstanden gut Ihren Namen?

01|19 J: Sí, se escribe como el nombre del árbol de las cerezas.
Ja, er sich schreibt wie der Name von_dem Baum von den Kirschen.

Spanische Fassung

Lección Primera: ¿He entendido bien su nombre?

01|01 J: Ayer me reuní con varias personas que aún no conocía. Sus nombres eran en su mayoría fáciles para mí, pero había un señor llamado Panayotis. Encontré ese nombre un poco difícil.

01|02 M: Es un nombre griego. Estoy seguro de que el señor Panayotis también encontró extraños nuestros nombres al principio.

01|03 J: Es cierto. ¿Cómo encontró usted ese nombre tan fácil, señor Arenas?

01|04 M: Bueno, primero porque yo he conocido a otros griegos antes, y Panayotis es un nombre corriente en Grecia. Y segundo porque yo siempre uso técnicas de memoria para recordar nuevos nombres.

01|05 J: Yo también. Por lo menos lo intento. Pero tengo que admitir que al principio tuve dificultades con el nombre Panayotis.

01|06 M: Cuando oí ese nombre por primera vez pensé en el dios griego Pan …
01|07 J: ¡Claro! ¿Pan tocando la flauta?
01|08 M: ¡Correcto! Y la última parte, “yotis”, me recordó a un joven de mi vecindad cuyo nombre era “Iotis”.
01|09 J: Bueno, conociendo a un joven llamado Iotis ya es más fácil.
01|10 M: Cuantos más nombres aprenda usted, tanto más fácil le será recordar otros nuevos.
01|11 J: En otras palabras, con cada nombre que aprenda, usted mejorará.
01|12 M: Claro. Cada vez será más fácil.
01|13 J: Hagamos un juego. Yo haré como si fuera una amiga mía …
01|14 M: … y yo haré como si fuera un amigo mío.
01|15 J: Y nosotros nos encontramos por primera vez; digamos, en una fiesta.
01|16 M: ¡Hola! Yo soy Pedro Paniagua.
01|17 J: Hola, señor Paniagua. Me alegro de conocerle. Mi nombre es Susana Cerezo.
01|18 M: Me alegro de conocerla, señora Cerezo. ¿He entendido bien su nombre?
01|19 J: Sí, se escribe como el nombre del árbol de las cerezas.

Lektion 2: Namen sind wichtig

02|01 J: Paniagua schreibt man wie „pan“ (Brot zu essen) und „agua“ (Wasser zu trinken), nicht wahr?

02|02 M: Stimmt. Sie können beobachten, dass Namen leicht sind, wenn man ihnen viel Aufmerksamkeit widmet.

02|03 J: Nun, spanische Namen sind leicht für Spanier, und arabische Namen sind leicht für Araber.

02|04 M: Und arabische Namen sind auch für Sie leicht, wenn Sie viele Araber kennengelernt haben. Der dritte Mohamed oder Mahmud ist schon leichter als der erste.

02|05 J: Weil es leichter wird, je mehr ähnliche Namen Sie lernen?

02|06 M: Stimmt! Ich hatte zunächst Schwierigkeiten mit deutschen Namen.

02|07 J: Dasselbe tritt bei Städte- oder Ländernamen auf.

02|08 M: Für mich ist es leichter, Munich zu sagen als München.

02|09 J: Im Allgemeinen denken wir nicht daran, aber einige Länder und Städte haben andere Namen in anderen Sprachen.

02|10 M: Ja, die Italiener nennen München Monaco.

02|11 J: Deutsche würden Frau Kirschbaum leichter als Frau Cerezo finden.

02|12 M: Und Italiener würden Sie Signora Ciliegio nennen.

02|13 J: Es ist faszinierend, wenn man Namen die ganze Aufmerksamkeit widmet.

02|14 M: Und sie sind viel leichter zu lernen, wenn Sie sich wirklich bemühen.

Dekodierte Fassung

Lección Segunda: Los nombres son importantes
Lektion Zweite: Die Namen sind wichtig

02|01 J: “Paniagua” se escribe como “pan” (de comer) y “agua”
„Paniagua“ sich schreibt[4] wie „pan“ (Brot von essen) und „agua“

(de beber), ¿no es cierto?
(Wasser von trinken), ¿nicht ist wahr?

02|02 M: ¡Cierto! Usted puede observar que los nombres son fáciles si
¡Wahr! Sie können beobachten dass die Namen sind leicht falls

se les presta mucha atención.
sich ihnen leiht viel Aufmerksamkeit.

02|03 J: Bueno, los nombres españoles son fáciles para los españoles, y los
Nun, die Namen spanischen sind leicht für die Spanier, und die

nombres árabes son fáciles para los árabes.
Namen arabischen sind leicht für die Araber.

02|04 M: Y los nombres árabes son fáciles también para usted si
Und die Namen arabischen sind leicht auch für Sie falls Sie

---

4 Anstatt „man geht“, „man tut“, „man schreibt“ sagt man im Spanischen oft „(es) sich geht“, „(es) sich tut“, „(es) sich schreibt“.

ha conocido a muchos árabes. El tercer Mohamed o
haben kennengelernt zu vielen Arabern. Der dritte Mohamed oder

Mahmud es ya más fácil que el primero.
Mahmud ist schon mehr leicht als der erste.

02|05 J: Porque ¿cuantos más nombres parecidos aprenda más fácil es?
Weil ¿wie_viele mehr Namen ähnliche Sie lernen desto mehr leicht es ist?

02|06 M: ¡Cierto! Yo tuve al principio dificultades con los nombres alemanes.
¡Wahr! Ich hatte zunächst Schwierigkeiten mit den Namen deutschen.

02|07 J: Lo mismo sucede con los nombres de ciudades o países.
Das‿ selbe auftritt mit den Namen von Städten oder Ländern.

02|08 M: Para mí es más fácil decir Munich que decir München.
Für mich es ist mehr leicht sagen Munich als sagen München.

02|09 J: Generalmente no pensamos en ello, pero algunos países y
Im_Allgemeinen wir nicht denken daran, aber einige Länder und

ciudades tienen nombres diferentes en otros idiomas.
Städte haben Namen verschiedene in anderen Sprachen.

02|10 M: Sí, los italianos llaman a Munich Monaco.
Ja, die Italiener nennen zu München Monaco.

02|11 J: Los alemanes encontrarían más fácil Frau Kirschbaum que señora Cerezo.
Die Deutschen finden_würden mehr leicht Frau Kirschbaum als Frau Cerezo.

02|12 M: Y los italianos le llamarían a usted Signora Ciliegio.
Und die Italiener Sie nennen_würden zu Ihnen Signora Ciliegio.

02|13 J: Es fascinante si uno le presta a los nombres toda su
Es ist faszinierend falls einer ihnen leiht zu den Namen all seine

atención.
Aufmerksamkeit.

02|14 M: Y mucho más fácil aprenderlos si usted realmente se esfuerza.
Und viel mehr leicht lernen_sie falls Sie wirklich sich bemühen.

Spanische Fassung

Lección Segunda: Los nombres son importantes

02|01 J: “Paniagua” se escribe como “pan” (de comer) y “agua” (de beber), ¿no es cierto?
02|02 M: ¡Cierto! Usted puede observar que los nombres son fáciles si se les presta mucha atención.
02|03 J: Bueno, los nombres españoles son fáciles para los españoles, y los nombres árabes son fáciles para los árabes.

02|04 M: Y los nombres árabes son fáciles también para usted si ha conocido a muchos árabes. El tercer Mohamed o Mahmud es ya más fácil que el primero.

02|05 J: Porque ¿cuantos más nombres parecidos aprenda más fácil es?

02|06 M: ¡Cierto! Yo tuve al principio dificultades con los nombres alemanes.

02|07 J: Lo mismo sucede con los nombres de ciudades o países.

02|08 M: Para mí es más fácil decir Munich que decir München.

02|09 J: Generalmente no pensamos en ello, pero algunos países y ciudades tienen nombres diferentes en otros idiomas.

02|10 M: Sí, los italianos llaman a Munich Monaco.

02|11 J: Los alemanes encontrarían más fácil Frau Kirschbaum que señora Cerezo.

02|12 M: Y los italianos le llamarían a usted Signora Ciliegio.

02|13 J: Es fascinante si uno le presta a los nombres toda su atención.

02|14 M: Y mucho más fácil aprenderlos si usted realmente se esfuerza.

Lektion 3: Sich selbst vorstellen

03|01 J: Daher sind wir uns über den ersten Schritt einig: Beim Vorstellen widmen wir Namen unsere Aufmerksamkeit.

03|02 M: Richtig. Wenn wir wollen, dass sich andere für uns interessieren, können wir Interesse an den anderen zeigen. Ihre Namen zu lernen, ist ein guter Anfang.

03|03 J: Also, wenn uns niemand vorstellt, stellen wir uns selbst vor, indem wir sagen:

03|04 M: Mein Name ist Miguel Arenas. Oder: Ich bin Miguel Arenas.

03|05 J: Hallo, Herr Arenas, freut mich, Sie kennenzulernen. Ich bin Juana Rosales.

03|06 M: Freut mich, Sie kennenzulernen, Frau Rosales.

03|07 J: Warum benutzen wir nicht die Vornamen, Herr Arenas?

03|08 M: Großartig, ich bin Miguel.

03|09 J: Und ich bin Juana.

03|10 M: Sehr gut, Juana. Jetzt haben wir uns vorgestellt. Wir kennen unsere Namen. Welcher Schritt ist der nächste?

03|11 J: Ich glaube, dass wir sagen können, wo wir leben.

03|12 M: Einverstanden. Ich bin aus Aranjuez.

03|13 J: Aus Aranjuez? Wo liegt Aranjuez?

03|14 M: Das ist eine Stadt nahe Madrid.

03|15 J: Ah, Madrid! Eine wunderbare Stadt, aber sehr laut, wie ich gehört habe.

03|16 M: Das stimmt. Und Sie, Juana, woher sind Sie?

03|17 J: Ich bin aus Barcelona. Besser gesagt, ich lebe zurzeit in Barcelona.

03|18 M: Sie meinen, dass Sie dort nicht geboren sind?

03|19 J: Stimmt. Ich wurde in Vigo geboren, lebte später in Bilbao und bin seit einem Jahr in Barcelona.

Dekodierte Fassung

Lección Tercera: Presentarse uno mismo
Lektion Dritte: Vorstellen_sich einer selbst

03|01 J: Así que estamos de acuerdo en el primer paso: al
Daher wir sind einig in dem ersten Schritt: bei_dem

presentarnos ponemos atención a los nombres.
vorstellen_uns wir legen Aufmerksamkeit zu den Namen.

03|02 M: Correcto. Si queremos que se interesen por nosotros,
Richtig. Falls wir wollen dass andere sich interessieren für uns,

nosotros podemos mostrar interés por los demás. Aprender sus
wir können zeigen Interesse für die anderen. Lernen ihre

nombres es un buen principio.
Namen ist ein guter Anfang.

03|03 J: Así, si nadie nos presenta, nos presentamos nosotros mismos diciendo:
Also, falls niemand uns vorstellt, uns vorstellen wir selbst sagend:

03|04 M: Mi nombre es Miguel Arenas. O, yo soy Miguel Arenas.
Mein Name ist Miguel Arenas. Oder, ich bin Miguel Arenas.

03|05 J: Hola, señor Arenas, me alegro de conocerle. Yo soy
Hallo, Herr Arenas, ich mich freue von kennenlernen_Sie. Ich bin

Juana Rosales.
Juana Rosales.

03|06 M: Me alegro de conocerle, señora Rosales.
Ich mich freue von kennenlernen_Sie, Frau Rosales.

03|07 J: ¿Por qué no usamos los nombres de pila, señor Arenas?
¿Warum wir nicht benutzen die Vornamen, Herr Arenas?

03|08 M: Magnífico, yo soy Miguel.
Großartig, ich bin Miguel.

03|09 J: Y yo soy Juana.
Und ich bin Juana.

03|10 M: Muy bien, Juana. Ahora nos hemos presentado nosotros. Conocemos
Sehr gut, Juana. Jetzt uns haben vorgestellt wir. Wir kennen

nuestros nombres. ¿Cuál es el siguiente paso a dar?
unsere Namen. ¿Welcher ist der nächste Schritt zu geben?

03|11 J: Yo creo que podemos decir dónde vivimos.
Ich glaube dass wir können sagen wo wir leben.

03|12 M: De acuerdo. Yo soy de Aranjuez.
Einverstanden. Ich bin von Aranjuez.

03|13 J: ¿De Aranjuez? ¿Dónde está Aranjuez?
¿Von Aranjuez? ¿Wo ist Aranjuez?

03|14 M: Es una ciudad cerca de Madrid.
Das ist eine Stadt nahe von Madrid.

03|15 J: ¡Ah! Madrid. Una ciudad encantadora, pero muy ruidosa, según me
¡Ah! Madrid. Eine Stadt wunderbare, aber sehr laut, wie sie mir

han dicho.
haben gesagt.

03|16 M: Es verdad. Y usted, Juana, ¿de dónde es?
Das ist Wahrheit. Und Sie, Juana, ¿von wo Sie sind?

03|17 J: Yo soy de Barcelona. Mejor dicho, yo vivo actualmente en Barcelona.
Ich bin von Barcelona. Besser gesagt, ich lebe zurzeit in Barcelona.

03|18 M: ¿Quiere decir que usted no nació allí?
¿Sie wollen sagen dass Sie nicht geboren_wurden dort?

03|19 J: Cierto. Yo nací en Vigo, más tarde viví en Bilbao,
Wahr. Ich geboren_wurde in Vigo, mehr spät ich lebte in Bilbao,

y desde hace un año estoy en Barcelona.
und seit einem Jahr ich bin in Barcelona.

Spanische Fassung

Lección Tercera: Presentarse uno mismo

03|01 J: Así que estamos de acuerdo en el primer paso: al presentarnos ponemos atención a los nombres.
03|02 M: Correcto. Si queremos que se interesen por nosotros, nosotros podemos mostrar interés por los demás. Aprender sus nombres es un buen principio.
03|03 J: Así, si nadie nos presenta, nos presentamos nosotros mismos diciendo:
03|04 M: Mi nombre es Miguel Arenas. O, yo soy Miguel Arenas.
03|05 J: Hola, señor Arenas, me alegro de conocerle. Yo soy Juana Rosales.
03|06 M: Me alegro de conocerle, señora Rosales.
03|07 J: ¿Por qué no usamos los nombres de pila, señor Arenas?
03|08 M: Magnífico, yo soy Miguel.
03|09 J: Y yo soy Juana.
03|10 M: Muy bien, Juana. Ahora nos hemos presentado nosotros. Conocemos nuestros nombres. ¿Cuál es el siguiente paso a dar?
03|11 J: Yo creo que podemos decir dónde vivimos.
03|12 M: De acuerdo. Yo soy de Aranjuez.
03|13 J: ¿De Aranjuez? ¿Dónde está Aranjuez?
03|14 M: Es una ciudad cerca de Madrid.
03|15 J: ¡Ah! Madrid. Una ciudad encantadora, pero muy ruidosa, según me han dicho.
03|16 M: Es verdad. Y usted, Juana, ¿de dónde es?
03|17 J: Yo soy de Barcelona. Mejor dicho, yo vivo actualmente en Barcelona.
03|18 M: ¿Quiere decir que usted no nació allí?
03|19 J: Cierto. Yo nací en Vigo, más tarde viví en Bilbao, y desde hace un año estoy en Barcelona.

Lektion 4: Wo leben Sie?

04|01 M: Das ist interessant. Heutzutage ziehen die Leute häufiger um, nicht wahr?

04|02 J: Das glaube ich auch. Keiner meiner Arbeitskollegen ist in Barcelona geboren. Wir sind alle in diese Stadt gezogen; einige, als sie jung waren, und andere kürzlich.

04|03 M: Wissen Sie, mein Freund Panayotis hat mir einmal erzählt, dass er in Deutschland geboren wurde, weil seine Eltern damals dort lebten. Später sind sie nach Griechenland gegangen, und er ging in Athen zur Schule. Danach ging die ganze Familie nach Amerika.

04|04 J: Nach Nordamerika oder nach Südamerika?

04|05 M: Nach Nordamerika. Oder, um genauer zu sein, in die Vereinigten Staaten.

04|06 J: Dann ging Ihr Freund in Nordamerika aufs Gymnasium?

04|07 M: Ja, aber auf die Universität ging er hier in Spanien. Es war dort, wo ich ihn kennengelernt habe.

04|08 J: Die Welt ist wirklich ein kleines Dorf.

04|09 M: Sind Sie irgendwann einmal im Ausland gewesen, Juana?

04|10 J: Nun, auf Urlaub in Ägypten und einen Sommer in Frankreich im Rahmen eines Austauschprogramms für Studenten. Ein andermal verbrachte ich den Urlaub in der deutschen Kolonie auf Mallorca.

04|11 M: In der deutschen Kolonie?

04|12 J: Nun, mein Vater nennt sie immer so. Weil Sie in einigen Teilen Mallorcas im Sommer mehr Deutsche als Spanier sehen.

04|13 M: Oh, ich verstehe!

Dekodierte Fassung

Lección Cuarta: ¿Dónde vive usted?
Lektion Vierte: ¿Wo leben Sie?

04|01 M: Es interesante. Hoy en día la gente cambia de residencia con
Das ist interessant. Heutzutage die Leute wechseln von Wohnsitz mit

más frecuencia, ¿no es cierto?
mehr Häufigkeit, ¿nicht ist wahr?

04|02 J: Así lo creo yo también. Ninguno de mis compañeros de trabajo
So es glaube ich auch. Niemand von meinen Kollegen von Arbeit

nació en Barcelona. Todos nos hemos mudado a esta
geboren_wurde in Barcelona. Alle wir uns haben gezogen zu dieser

ciudad; unos cuando eran jóvenes, y otros recientemente.
Stadt; einige als sie waren jung, und andere kürzlich.

04|03 M: Sabe usted, mi amigo Panayotis me contó una vez que
Wissen Sie, mein Freund Panayotis mir erzählte ein Mal dass er

nació en Alemania, porque sus padres vivían allí entonces.
geboren_wurde in Deutschland, weil seine Eltern lebten dort damals.

Más tarde se fueron a Grecia, y él fue a la
Mehr spät sie sich gingen nach Griechenland, und er ging zu der

escuela en Atenas. Posteriormente se fue toda la familia a América.
Schule in Athen. Danach sich ging all die Familie nach Amerika.

04|04 J: ¿A Norteamérica o a Suramérica?
¿Nach Nordamerika oder nach Südamerika?

04|05 M: A Norteamérica. O para ser más exacto, a Estados Unidos.
Nach Nordamerika. Oder für sein mehr genau, in die Staaten Vereinigten.

04|06 J: ¿Entonces su amigo fue al instituto de enseñanza media en Norteamérica?
¿Dann Ihr Freund ging zu_dem Gymnasium in Nordamerika?

04|07 M: Sí, pero a la universidad fue aquí en España. Allí fue
Ja, aber an die Universität er ging hier in Spanien. Dort es war

dónde le conocí.
wo ich ihn kennenlernte.

04|08 J: Realmente, el mundo es una aldea pequeña.
Wirklich, die Welt ist ein Dorf kleines.

04|09 M: ¿Ha estado usted alguna vez en el extranjero, Juana?
¿Haben gewesen Sie irgendwann_einmal in dem Ausland, Juana?

04|10 J: Bueno, de vacaciones en Egipto y un verano en Francia, en
Nun, von Urlaub in Ägypten und ein Sommer in Frankreich, in

el marco de un programa de intercambio estudiantil.
dem Rahmen von einem Programm von Austausch studentischem.

Otra vez pasé las vacaciones en la colonia alemana,
Ein_andermal ich verbrachte den Urlaub in der Kolonie deutschen,

en Mallorca.
in Mallorca.

04|11 M: ¿En la colonia alemana?
¿In der Kolonie deutschen?

04|12 J: Bueno, mi padre siempre la denomina así. Porque en algunas partes
Nun, mein Vater immer sie nennt so. Weil in einigen Teilen

de Mallorca usted ve en verano más alemanes que españoles.
von Mallorca Sie sehen in dem Sommer mehr Deutsche als Spanier.

04|13 M: ¡Oh! Entiendo.
¡Oh! Ich verstehe.

Spanische Fassung

Lección Cuarta: ¿Dónde vive usted?

04|01 M: Es interesante. Hoy en día la gente cambia de residencia con más frecuencia, ¿no es cierto?

04|02 J: Así lo creo yo también. Ninguno de mis compañeros de trabajo nació en Barcelona. Todos nos hemos mudado a esta ciudad; unos cuando eran jóvenes, y otros recientemente.

04|03 M: Sabe usted, mi amigo Panayotis me contó una vez que nació en Alemania, porque sus padres vivían allí entonces. Más tarde se fueron a Grecia, y él fue a la escuela en Atenas. Posteriormente se fue toda la familia a América.

04|04 J: ¿A Norteamérica o a Suramérica?

04|05 M: A Norteamérica. O para ser más exacto, a Estados Unidos.

04|06 J: ¿Entonces su amigo fue al instituto de enseñanza media en Norteamérica?

04|07 M: Sí, pero a la universidad fue aquí en España. Allí fue dónde le conocí.

04|08 J: Realmente, el mundo es una aldea pequeña.

04|09 M: ¿Ha estado usted alguna vez en el extranjero, Juana?

04|10 J: Bueno, de vacaciones en Egipto y un verano en Francia, en el marco de un programa de intercambio estudiantil. Otra vez pasé las vacaciones en la colonia alemana, en Mallorca.

04|11 M: ¿En la colonia alemana?

04|12 J: Bueno, mi padre siempre la denomina así. Porque en algunas partes de Mallorca usted ve en verano más alemanes que españoles.

04|13 M: ¡Oh! Entiendo.

Lektion 5: Wie geht's Ihnen?

05|01 J: Gut, wiederholen wir: Zuerst haben wir die Namen der Personen, die wir kennengelernt haben, gelernt, dann hat jeder dem anderen gesagt, wo er lebt.

05|02 M: Aber zwischen diesen zwei Schritten ist es möglich, etwas zu sagen, das wir nicht erwähnt haben.

05|03 J: Ich weiß schon, was Sie meinen. Wir könnten fragen: „Wie geht es Ihnen?“

05|04 M: Ja, und die Antwort ist: „Gut, und Ihnen?“

05|05 J: Versuchen wir es, einverstanden?

05|06 M: Hallo, ich bin Miguel Arenas.

05|07 J: Hallo, Herr Arenas. Wie geht es Ihnen?

05|08 M: Gut, und Ihnen?

05|09 J: Gut, danke. Mein Name ist Juana Rosales.

05|10 M: Freut mich, Sie zu sehen … Frau oder Fräulein Rosales?

05|11 J: Fräulein Rosales. Freut mich auch, Herr Arenas.

05|12 M: Wissen Sie, die Fragen „Wie geht es Ihnen?“ oder „Wie geht's Ihnen?“ haben mich immer ein wenig gestört.

05|13 J: Weil niemand wirklich bereit ist zu sagen, wie es ihm geht?

05|14 M: Stimmt. Sie können antworten „Gut, danke, und Ihnen?“, egal, wie Sie sich eigentlich fühlen.

05|15 J: Ist dies vielleicht der Grund dafür, dass Jugendliche diese Frage nicht automatisch stellen?

05|16 M: Kann sein. Wenn Ihnen aber eine andere Person diese Frage stellt, ist es am besten, einfach „Gut, und Ihnen?“ zu antworten, meinen Sie nicht?

05|17 J: Ja, Miguel, einverstanden.

05|18 M: Gut, wiederholen wir noch einmal: Zuerst finden wir die Namen der Personen, die wir treffen, heraus. Wir können fragen „Wie geht's Ihnen?“ oder einfach antworten „Gut, danke, und Ihnen?“. Dann sagen wir einander, wo wir leben oder wo wir geboren worden sind. Dies ist der zweite Schritt. Welcher ist der dritte Schritt, Juana?

Dekodierte Fassung

Lección	Quinta:	¿Cómo	está	usted?
Lektion	**Fünfte:**	**¿Wie**	**sind**	**Sie?**

05|01 J:

Bien,	pasemos		revista:	primero		aprendimos	los	nombres	de	las
Gut,	**passieren**	**wir**	**Revue:**	**zuerst**	**wir**	**lernten**	**die**	**Namen**	**von**	**den**

personas	que		conocimos,	luego	cada	uno	le	dijo	al
Personen	**die**	**wir**	**kennenlernten,**	**dann**	**jeder**	**eine**	**ihm**	**sagte**	**zu_dem**

otro	dónde		vivía.
anderen	**wo**	**er**	**lebte.**

05|02 M:

Pero,	entre	esos	dos	pasos		es	posible	decir	algo	que
Aber,	**zwischen**	**diesen**	**zwei**	**Schritten**	**es**	**ist**	**möglich**	**sagen**	**etwas**	**das**

	no	hemos	mencionado.
wir	**nicht**	**haben**	**erwähnt.**

05|03 J: Ya sé lo que usted quiere decir. Podríamos preguntar
Schon ich weiß das was Sie wollen sagen. Wir könnten fragen

"¿Cómo le va?"
„¿Wie es Ihnen geht?"

05|04 M: Sí, y la respuesta es "Bien, ¿y a usted?"
Ja, und die Antwort ist „Gut, ¿und zu Ihnen?"

05|05 J: Vamos a intentarlo, ¿le parece?
Gehen wir zu versuchen_es, ¿Ihnen scheint?

05|06 M: Hola. Yo soy Miguel Arenas.
Hallo. Ich bin Miguel Arenas.

05|07 J: Hola, señor Arenas. ¿Cómo le va?
Hallo, Herr Arenas. ¿Wie es Ihnen geht?

05|08 M: Bien, ¿y a usted?
Gut, ¿und zu Ihnen?

05|09 J: Bien, gracias. Mi nombre es Juana Rosales.
Gut, danke. Mein Name ist Juana Rosales.

05|10 M: Me alegro de verle … ¿Señora o señorita Rosales?
Ich mich freue von sehen_Sie … ¿Frau oder Fräulein Rosales?

05|11 J: Señorita Rosales. Yo también me alegro, señor Arenas.
Fräulein Rosales. Ich auch mich freue, Herr Arenas.

05|12 M: Sabe usted, las preguntas "¿Cómo le va?" o "¿Cómo está
Wissen Sie, die Fragen „¿Wie es Ihnen geht?" oder „¿Wie sind

usted?" siempre me han molestado un poco.
Sie?" immer mich haben gestört ein wenig.

05|13 J: ¿Porque nadie está dispuesto realmente a decir cómo le va?
¿Weil niemand ist bereit wirklich zu sagen wie es ihm geht?

05|14 M: Cierto. Usted podría contestar "Bien, gracias, ¿y a usted?", sin
Wahr. Sie könnten antworten „Gut, danke, ¿und zu Ihnen?", ohne

importarle en realidad cómo se siente.
wichtig_zu_sein_Ihnen eigentlich wie Sie sich fühlen.

05|15 J: ¿Es ése tal vez el motivo de que los jóvenes no
¿Ist dies vielleicht der Grund da‿ von dass die Jugendlichen nicht

hagan automáticamente esa pregunta?
machen automatisch diese Frage?

05|16 M: Puede ser. Pero si la otra persona le hace esa pregunta,
Kann sein. Aber falls die andere Person Ihnen macht diese Frage,

lo mejor es contestar simplemente: "Bien, ¿y a usted?", ¿no
das Beste ist antworten einfach: „Gut, ¿und zu Ihnen?", ¿nicht

le parece?
Ihnen scheint?

05|17 J: Sí, Miguel, de acuerdo.
Ja, Miguel, einverstanden.

05|18 M: Bueno, pasemos revista una vez más: Primero averiguamos los
Gut, passieren wir Revue noch_einmal: Zuerst wir herausfinden die

nombres de las personas que encontramos. Podemos preguntar:
Namen von den Personen die wir treffen. Wir können fragen:

"¿Cómo está usted?", o contestar simplemente "Bien gracias, ¿y a
„¿Wie sind Sie?", oder antworten einfach „Gut danke, ¿und zu

usted?" Luego nos decimos unos a otros dónde vivimos, o
Ihnen?" Dann wir uns sagen zueinander wo wir leben, oder

dónde hemos nacido. Ése es el segundo paso.
wo wir haben geboren_worden. Dies ist der zweite Schritt.

¿Cuál es el tercer paso, Juana?
¿Welcher ist der dritte Schritt, Juana?

Spanische Fassung

Lección Quinta: ¿Cómo está usted?

05|01 J: Bien, pasemos revista: primero aprendimos los nombres de las personas que conocimos, luego cada uno le dijo al otro dónde vivía.
05|02 M: Pero, entre esos dos pasos es posible decir algo que no hemos mencionado.
05|03 J: Ya sé lo que usted quiere decir. Podríamos preguntar "¿Cómo le va?"
05|04 M: Sí, y la respuesta es "Bien, ¿y a usted?"
05|05 J: Vamos a intentarlo, ¿le parece?
05|06 M: Hola. Yo soy Miguel Arenas.
05|07 J: Hola, señor Arenas. ¿Cómo le va?
05|08 M: Bien, ¿y a usted?
05|09 J: Bien, gracias. Mi nombre es Juana Rosales.
05|10 M: Me alegro de verle … ¿Señora o señorita Rosales?
05|11 J: Señorita Rosales. Yo también me alegro, señor Arenas.
05|12 M: Sabe usted, las preguntas "¿Cómo le va?" o "¿Cómo está usted?" siempre me han molestado un poco.
05|13 J: ¿Porque nadie está dispuesto realmente a decir cómo le va?

05|14 M: Cierto. Usted podría contestar “Bien, gracias, ¿y a usted?”, sin importarle en realidad cómo se siente.

05|15 J: ¿Es ése tal vez el motivo de que los jóvenes no hagan automáticamente esa pregunta?

05|16 M: Puede ser. Pero si la otra persona le hace esa pregunta, lo mejor es contestar simplemente: “Bien, ¿y a usted?”, ¿no le parece?

05|17 J: Sí, Miguel, de acuerdo.

05|18 M: Bueno, pasemos revista una vez más: Primero averiguamos los nombres de las personas que encontramos. Podemos preguntar: “¿Cómo está usted?”, o contestar simplemente “Bien gracias, ¿y a usted?” Luego nos decimos unos a otros dónde vivimos, o dónde hemos nacido. Ése es el segundo paso. ¿Cuál es el tercer paso, Juana?

Lektion 6: Was machen Sie?

06|01 J: Nun, ich würde gerne mehr über Sie wissen, Miguel. Sagen Sie, was machen Sie?

06|02 M: Ich könnte Ihnen sagen, dass ich in einem Büro arbeite oder dass ich der Generaldirektor einer großen Industriefirma bin oder dass ich Lehrer, Taxifahrer, Kellner, Metzger oder was auch immer bin.

06|03 J: Nun, Sie könnten mir irgendeines dieser Dinge sagen. Aber was machen Sie wirklich, Miguel? Welche Tätigkeit üben Sie aus?

06|04 M: Nehmen wir an, ich wäre arbeitslos. Was sollte ich Ihnen dann sagen?

06|05 J: Sind Sie arbeitslos?

06|06 M: Nein, aber ein Freund von mir ist es. Vor zwei Monaten wurden in seiner Firma 500 Arbeiter entlassen. Darum hat er zurzeit keine Arbeit. Aber dies bedeutet nicht, dass er nichts tut. Er nutzt die Zeit! Er verbringt jeden Vormittag einige Stunden in der öffentlichen Bücherei mit dem Lesen von der Art von Büchern, die er nicht kaufen kann. Außerdem lernt er Japanisch und frischt sein Französisch und Italienisch auf.

06|07 J: Gut. Sprachen sind der Schlüssel für die Zukunft.

06|08 M: Das glaube ich auch. Und jetzt überlegt mein Freund, sich für einen Informatikkurs einzuschreiben, den die Regierung anbietet, weil er für die Zukunft vorbereitet sein will.

06|09 J: Das ist großartig. Ich kenne einige Arbeitslose, die nichts tun, klagen oder depressiv werden, anstatt wie Ihr Freund die Zeit zu nutzen.

06|10 M: Die Leute sollten verstehen, dass Arbeit etwas mehr als das Ausüben einer Tätigkeit bedeutet, für die man uns bezahlt. Diese Wirklichkeit wird in Zukunft deutlich, wenn immer mehr Personen zumindest während eines Teils ihres Lebens ohne Beschäftigung sein werden!

06|11 J: Stimmt. Aber sprechen wir wieder von Ihnen, Miguel. Was sind Sie?

06|12 M: Ich bin das, was man einen Geschäftsmann nennen könnte. Mein Geschäft sind Kontakte. Mit anderen Worten, ich helfe dabei, dass Personen, die miteinander Geschäfte machen wollen, in Kontakt treten können. Die Arbeit unserer Firma ähnelt der einer Messe. Nur dass diese Messe nicht an einem bestimmten Ort abgehalten wird und das ganze Jahr geöffnet ist.

06|13 J: Klingt sehr gut.

Dekodierte Fassung

Lección Sexta: ¿Qué hace usted?
Lektion Sechste: ¿Was machen Sie?

06|01 J: Bueno, a mí me gustaría saber más sobre usted, Miguel.
Nun, zu mir es mir gefallen_würde wissen mehr über Sie, Miguel.

Dígame, ¿qué hace usted?
Sagen_Sie_mir, ¿was machen Sie?

06|02 M: Yo podría decirle a usted que trabajo en una oficina,
Ich könnte sagen_Ihnen zu Ihnen dass ich arbeite in einem Büro,

o que soy gerente general de una gran firma industrial,
oder dass ich bin Generaldirektor von einer großen Firma industriellen,

o que soy maestro, taxista, camarero, carnicero, o lo que sea.
oder dass ich bin Lehrer, Taxifahrer, Kellner, Metzger, oder das was es sei.

06|03 J: Bien, usted podría decirme alguna de esas cosas. Pero,
Nun, Sie könnten sagen_mir irgendeines von diesen Dingen. Aber,

¿qué hace usted realmente, Miguel? ¿Cuál es su ocupación?
¿was machen Sie wirklich, Miguel? ¿Welches ist Ihre Beschäftigung?

06|04 M: Supongamos que estoy sin trabajo. ¿Qué debería entonces
Annehmen wir dass ich bin arbeitslos. ¿Was ich sollte dann

decirle a usted?
sagen_Ihnen zu Ihnen?

06|05 J: ¿Está usted sin trabajo?
¿Sind Sie arbeitslos?

06|06 M: No, pero un amigo mío lo está. Hace dos meses fueron
Nein, aber ein Freund mein es ist. Vor zwei Monaten waren

despedidos de su empresa 500 trabajadores. Por eso no tiene
entlassen von seiner Firma 500 Arbeiter. Darum er nicht hat

de momento trabajo. Pero eso no significa que él no haga nada.
zurzeit Arbeit. Aber dies nicht bedeutet dass er nicht tut nichts.

¡Él aprovecha el tiempo! En la biblioteca pública dedica todas
¡Er nutzt die Zeit! In der Bücherei öffentlichen er widmet all

las mañanas[5] unas horas a la lectura de la clase de
die Vormittage einige Stunden zu dem Lesen von der Art von

libros que no puede comprar. Además aprende japonés
Büchern die er nicht kann kaufen. Außerdem er lernt Japanisch

y está repasando su francés e italiano.
und ist auffrischend sein Französisch und Italienisch.

06|07 J: Bueno. Los idiomas son la clave para el futuro.
Gut. Die Sprachen sind der Schlüssel für die Zukunft.

06|08 M: ¡Eso creo yo también! Y ahora, mi amigo está considerando
¡Dies glaube ich auch! Und jetzt, mein Freund ist überlegend

matricularse en un curso de informática que ofrece el
einschreiben_sich in einen Kurs von Informatik den anbietet die

---

5 In Spanien sind die Tageszeiten anders als in Zentraleuropa definiert: Es heißen der Zeitraum von Sonnenaufgang bis Mittag „mañana“ (Morgen, Vormittag), der Zeitraum von Mittag bis Sonnenuntergang „tarde“ (Nachmittag, Abend), der Zeitraum von Sonnenuntergang bis Mitternacht „noche“ (Abend, Nacht) und der Zeitraum von Mitternacht bis Sonnenaufgang „madrugada“ (Nacht, Morgen).

gobierno, porque quiere estar preparado para el futuro.
Regierung, weil er will sein vorbereitet für die Zukunft.

06|09 J: Éso es magnífico. Yo conozco algunos desempleados que no hacen
Dies ist großartig. Ich kenne einige Arbeitslose die nicht tun

nada, se lamentan, o se deprimen, en vez de aprovechar el
nichts, sich beklagen, oder sich deprimieren, anstatt von nutzen die

tiempo como su amigo.
Zeit wie Ihr Freund.

06|10 M: La gente debería comprender que trabajo significa algo más que el
Die Leute sollten verstehen dass Arbeit bedeutet etwas mehr als das

desempeño de una actividad por la cual nos pagan. Esa
Ausüben von einer Tätigkeit für die welche sie uns bezahlen. Diese

realidad se hará patente en el futuro cuando cada vez
Wirklichkeit sich machen_wird deutlich in der Zukunft wenn immer

sean más las personas sin ocupación, ¡por lo menos durante
seien mehr die Personen ohne Beschäftigung, ¡zumindest während

una parte de su vida!
eines Teiles von ihrem Leben!

06|11 J: Cierto. Pero volvamos a hablar de usted, Miguel. ¿Qué
Wahr. Aber zurückkehren wir zu sprechen von Ihnen, Miguel. ¿Was

es usted?
sind Sie?

06|12 M: Yo soy lo que se podría llamar un hombre de negocios.
Ich bin das was sich könnte nennen einen Mann von Geschäften.

Mi negocio son los contactos. En otras palabras, yo ayudo
Mein Geschäft sind die Kontakte. In anderen Worten, ich helfe da‿

a que las personas que desean efectuar negocios entre sí
bei dass die Personen die wünschen tätigen Geschäfte miteinander

puedan entrar en contacto. La labor de nuestra empresa es
können eintreten in Kontakt. Die Arbeit von unserer Firma ist

similar a la de una feria-exposición. Sólo que esa feria-exposición
ähnlich zu der von einer Messe. Nur dass diese Messe

no se realiza en un lugar determinado, y está abierta todo el año.
nicht sich abhält an einem Ort bestimmten, und ist geöffnet all das Jahr.

06|13 J: Suena muy bien.
Das klingt sehr gut.

Spanische Fassung

Lección Sexta: ¿Qué hace usted?

06|01 J: Bueno, a mí me gustaría saber más sobre usted, Miguel. Dígame, ¿qué hace usted?

06|02 M: Yo podría decirle a usted que trabajo en una oficina, o que soy gerente general de una gran firma industrial, o que soy maestro, taxista, camarero, carnicero, o lo que sea.

06|03 J: Bien, usted podría decirme alguna de esas cosas. Pero, ¿qué hace usted realmente, Miguel? ¿Cuál es su ocupación?

06|04 M: Supongamos que estoy sin trabajo. ¿Qué debería entonces decirle a usted?

06|05 J: ¿Está usted sin trabajo?

06|06 M: No, pero un amigo mío lo está. Hace dos meses fueron despedidos de su empresa 500 trabajadores. Por eso no tiene de momento trabajo. Pero eso no significa que él no haga nada. ¡Él aprovecha el tiempo! En la biblioteca pública dedica todas las mañanas unas horas a la lectura de la clase de libros que no puede comprar. Además aprende japonés y está repasando su francés e italiano.

06|07 J: Bueno. Los idiomas son la clave para el futuro.

06|08 M: ¡Eso creo yo también! Y ahora, mi amigo está considerando matricularse en un curso de informática que ofrece el gobierno, porque quiere estar preparado para el futuro.

06|09 J: Éso es magnífico. Yo conozco algunos desempleados que no hacen nada, se lamentan, o se deprimen, en vez de aprovechar el tiempo como su amigo.

06|10 M: La gente debería comprender que trabajo significa algo más que el desempeño de una actividad por la cual nos pagan. Esa realidad se hará patente en el futuro cuando cada vez sean más las personas sin ocupación, ¡por lo menos durante una parte de su vida!

06|11 J: Cierto. Pero volvamos a hablar de usted, Miguel. ¿Qué es usted?

06|12 M: Yo soy lo que se podría llamar un hombre de negocios. Mi negocio son los contactos. En otras palabras, yo ayudo a que las personas que desean efectuar negocios entre sí puedan entrar en contacto. La labor de nuestra empresa es similar a la de una feria-exposición. Sólo que esa feria-exposición no se realiza en un lugar determinado, y está abierta todo el año.

06|13 J: Suena muy bien.

Lektion 7: Und Sie, was machen Sie?

07|01 M: Und Sie? Vorher sprachen Sie von Ihren Kollegen, also haben Sie einen Job. Was machen Sie, Juana?

07|02 J: Ich bin Verkäuferin.

07|03 M: Ah, und was verkaufen Sie?

07|04 J: Raten Sie! Was glauben Sie?

07|05 M: Nun, das können viele Dinge sein … Sie könnten Bücher verkaufen oder Kleidung oder Kosmetikprodukte …

07|06 J: Nein. Nichts von all dem. Versuchen Sie es noch einmal!

07|07 M: Nun, ich weiß nicht. Arbeiten Sie in einem Geschäft, oder besuchen Sie Kunden zu Hause oder in ihren Büros?

07|08 J: Unsere Kunden kommen ins Geschäft.

07|09 M: Ist es ein großes oder ein kleines Geschäft?

07|10 J: Es ist ein ziemlich großes Geschäft mit einem großen Ausstellungsraum.

07|11 M: Ist das Produkt, das Sie verkaufen, auch groß?

07|12 J: Ja, einige Quadratmeter.

07|13 M: Gut, ich gebe auf. Was verkaufen Sie, Juana?

07|14 J: Vorhänge und Teppiche.

07|15 M: Oh!

07|16 J: Etwas ist Ihnen gerade eingefallen. Was ist es, Miguel?

07|17 M: Nun, ich dachte gerade an eine Reportage, die ich im Fernsehen gesehen habe, über Kinder in der Dritten Welt, die mehr oder weniger gezwungen wurden, Teppiche per Hand zu knüpfen …

07|18 J: Ich verstehe, was Sie denken. Aber ich kann Ihnen versichern, dass unsere Teppiche Imitationen sind.

07|19 M: Das freut mich.

07|20 J: Mich auch.

Dekodierte Fassung

Lección Séptima: Y usted, ¿qué hace?
Lektion Siebte: Und Sie, ¿was Sie machen?

07|01 M: ¿Y usted? Antes habló de sus colegas, así que tiene
¿Und Sie? Vorher Sie sprachen von Ihren Kollegen, also haben

usted un empleo. ¿Qué hace usted, Juana?
Sie einen Job. ¿Was machen Sie, Juana?

07|02 J: Yo soy vendedora.
Ich bin Verkäuferin.

07|03 M: Ah, y, ¿qué vende usted?
Ah, und, ¿was verkaufen Sie?

07|04 J: ¡Adivine! ¿Qué cree usted?
¡Raten Sie! ¿Was glauben Sie?

07|05 M: Bueno, pueden ser muchas cosas … Usted podría vender
Nun, das können sein viele Dinge … Sie könnten verkaufen

libros o ropa o productos de cosmética …
Bücher oder Kleidung oder Produkte von Kosmetik …

07|06 J: No. Nada de eso. ¡Haga otro intento!
Nein. Nichts von diesem. ¡Machen Sie weiteren Versuch!

07|07 M: Bueno, no sé. ¿Trabaja usted en una tienda, o
Nun, ich nicht weiß. ¿Arbeiten Sie in einem Geschäft, oder

visita usted a los clientes a domicilio, o en su oficina?
besuchen Sie zu den Kunden zu_Hause, oder in ihrem Büro?

07|08 J: Nuestros clientes vienen a la tienda.
Unsere Kunden kommen zu dem Geschäft.

07|09 M: ¿Es una tienda grande o pequeña?
¿Ist es ein Geschäft großes oder kleines?

07|10 J: Es una tienda bastante grande, con una gran sala de muestras.
Es ist ein Geschäft ziemlich großes, mit einem großen Ausstellungsraum.

07|11 M: El producto que usted vende, ¿también es grande?
Das Produkt das Sie verkaufen, ¿auch ist groß?

07|12 J: Sí, unos cuantos metros cuadrados.
Ja, einige Meter quadratische.

07|13 M: Bueno, me rindo. ¿Qué vende usted, Juana?
Gut, ich mich aufgebe. ¿Was verkaufen Sie, Juana?

07|14 J: Cortinas y alfombras.
Vorhänge und Teppiche.

07|15 M: ¡Oh!
¡Oh!

07|16 J: Algo se le acaba de ocurrir. ¿Qué es, Miguel?
Etwas sich Ihnen beendet[6] von einfallen. ¿Was es ist, Miguel?

07|17 M: Bueno, estaba pensando en un reportaje que vi en la
Nun, ich war denkend an eine Reportage die ich sah in dem

tele, sobre niños en el Tercer Mundo, que en mayor o
Fernseher, über Kinder in der Dritten Welt, die in größerem oder

---

6 Anstatt „ich habe gerade gesehen“, „du bist gerade gegangen“, „er ist gerade angekommen“ sagt man im Spanischen „ich beende von sehen“, „du beendest von gehen“, „er beendet von ankommen“.

menor medida están obligados a anudar alfombras a mano …
kleinerem Maße sind gezwungen zu knüpfen Teppiche per Hand …

07|18 J: Entiendo lo que usted piensa. Pero yo puedo asegurarle
Ich verstehe das was Sie denken. Aber ich kann versichern_Ihnen

que nuestras alfombras son de imitación.
dass unsere Teppiche sind von Imitation.

07|19 M: Me alegro.
Ich mich freue.

07|20 J: Yo también.
Ich auch.

Spanische Fassung

Lección Séptima: Y usted, ¿qué hace?

07|01 M: ¿Y usted? Antes habló de sus colegas, así que tiene usted un empleo. ¿Qué hace usted, Juana?
07|02 J: Yo soy vendedora.
07|03 M: Ah, y, ¿qué vende usted?
07|04 J: ¡Adivine! ¿Qué cree usted?
07|05 M: Bueno, pueden ser muchas cosas … Usted podría vender libros o ropa o productos de cosmética …
07|06 J: No. Nada de eso. ¡Haga otro intento!
07|07 M: Bueno, no sé. ¿Trabaja usted en una tienda, o visita usted a los clientes a domicilio, o en su oficina?
07|08 J: Nuestros clientes vienen a la tienda.
07|09 M: ¿Es una tienda grande o pequeña?
07|10 J: Es una tienda bastante grande, con una gran sala de muestras.
07|11 M: El producto que usted vende, ¿también es grande?
07|12 J: Sí, unos cuantos metros cuadrados.
07|13 M: Bueno, me rindo. ¿Qué vende usted, Juana?
07|14 J: Cortinas y alfombras.
07|15 M: ¡Oh!
07|16 J: Algo se le acaba de ocurrir. ¿Qué es, Miguel?
07|17 M: Bueno, estaba pensando en un reportaje que vi en la tele, sobre niños en el Tercer Mundo, que en mayor o menor medida están obligados a anudar alfombras a mano …
07|18 J: Entiendo lo que usted piensa. Pero yo puedo asegurarle que nuestras alfombras son de imitación.
07|19 M: Me alegro.
07|20 J: Yo también.

Lektion 8: Haben Sie Hunger?

08|01 M: Es ist seltsam, aber aus dem einen oder anderen Grund kann eine Imitation heutzutage besser als ihr Original sein.

08|02 J: Ja. Denken Sie an Leder oder Pelze. Ich würde mir niemals einen Mantel aus natürlichem Pelz anziehen. Ich will nicht, dass Tiere sterben, damit ich mir ihr Fell anziehe. Ich ziehe Imitationen vor.

08|03 M: Abgesehen von Überlegungen moralischer Art sind sie viel billiger.

08|04 J: Stimmt. Sie erhalten mehr für Ihr Geld, und es bleibt ihnen genug übrig, um zum Beispiel in ein Restaurant zu gehen.

08|05 M: Das ist eine gute Idee! Haben Sie Hunger?

08|06 J: Ja.

08|07 M: Es gibt ein Lokal um die Ecke. Sie machen gutes italienisches Essen. Oder ziehen Sie chinesisches Essen vor?

08|08 J: Ich mag beide. Aber momentan habe ich mehr Lust auf Italienisch.

08|09 M: Sehr gut, gehen wir. Ist das Ihre Jacke?

08|10 J: Ja, 100 Prozent Imitation!

08|11 M: Übrigens, mir ist gerade eine Geschichte wieder eingefallen.

08|12 J: Erzählen Sie!

08|13 M: Sie handelt von einem Robbenbaby, das man wegen seines Fells getötet hat. Daher ging es direkt in den Himmel ein und wurde herzlich von Sankt Petrus empfangen, der ihm sagte: „Da man dich wegen deines Fells getötet hat, hat Gott entschieden, dir einen Wunsch zu gewähren. Was wünschst du dir, kleine Robbe?“

08|14 J: Und was sagte sie?

08|15 M: Die kleine Robbe sagte zu Sankt Petrus: „Ich will einen Mantel, der aus der Haut dicker Damen gemacht ist!“

08|16 J: Es lohnt sich, darüber nachzudenken.

Dekodierte Fassung

Lección Octava: ¿Tiene usted hambre?
Lektion Achte: ¿Haben Sie Hunger?

08|01 M: Es raro, pero por una u otra razón, una imitación
Es ist seltsam, aber durch einen oder anderen Grund, eine Imitation

puede ser hoy en día mejor que su original.
kann sein heutzutage besser als ihr Original.

08|02 J: Sí. Piense en el cuero o en las pieles. Yo nunca me
Ja. Denken Sie an das Leder oder an die Pelze. Ich niemals mir

pondría un abrigo de piel natural. No quiero
anziehen_würde einen Mantel von Pelz natürlichem. Ich nicht will

que mueran animales para ponerme su piel. Prefiero imitaciones.
dass sterben Tiere für anziehen_mir ihr Fell. Ich vorziehe Imitationen.

08|03 M: Aparte de las consideraciones de tipo moral, son mucho
Abgesehen von den Überlegungen von Art moralischer, sie sind viel

más baratas.
mehr billig.

08|04 J: Es cierto. Usted podrá obtener más por su dinero, y
Das ist wahr. Sie können_werden erhalten mehr für Ihr Geld, und

sobrarle suficiente para ir, por ejemplo, a un restaurante.
übrigbleiben_Ihnen genug für gehen, für Beispiel, in ein Restaurant.

08|05 M: ¡Ésa es una buena idea! ¿Tiene usted hambre?
¡Dies ist eine gute Idee! ¿Haben Sie Hunger?

08|06 J: Sí.
Ja.

08|07 M: Hay un local a la vuelta de la esquina. Hacen buena comida
Es hat_da ein Lokal um die Ecke. Sie machen gutes Essen

italiana. ¿O prefiere usted comida china?
italienisches. ¿Oder vorziehen Sie Essen chinesisches?

08|08 J: Me gustan ambas. Pero de momento me apetece más la
Mir schmecken beide. Aber momentan mir zusagt mehr das

italiana.
italienische.

08|09 M: Muy bien, vamos. ¿Es ésta su chaqueta?
Sehr gut, gehen wir. ¿Ist dies Ihre Jacke?

08|10 J: Sí, ¡100 por ciento imitación!
Ja, ¡100 Prozent Imitation!

08|11 M: A propósito. Acabo de acordarme de un cuento.
Übrigens. Ich beende von erinnern_mich von einer Geschichte.

08|12 J: Cuéntelo.
Erzählen_Sie_sie.

08|13 M: Se trata del bebé de una foca al que
Sie sich handelt von_dem Baby von einer Robbe zu_dem dass sie

mataron por su piel. Así que fue directamente al
töteten wegen seines Fells. Daher es ging direkt zu_dem

cielo, siendo acogido calurosamente por San Pedro, que le
Himmel, seiend empfangen herzlich von Sankt Petrus, der ihm

dijo: “Como te mataron por tu piel, Dios decidió
sagte: „Da sie dich töteten wegen deines Fells, Gott entschied

concederte un deseo. ¿Qué deseas, pequeña foca?”
gewähren_dir einen Wunsch. ¿Was du wünschst, kleine Robbe?“

08|14 J: Y, ¿qué dijo ella?
Und, ¿was sagte sie?

08|15 M: La pequeña foca dijo a San Pedro: “¡Quiero un abrigo
Die kleine Robbe sagte zu Sankt Petrus: „¡Ich will einen Mantel

hecho con la piel de señoras gordas!”
gemacht mit der Haut von Damen dicken!“

08|16 J: ¡Vale la pena reflexionar sobre esto!
¡Es wert_ist die Mühe nachdenken darüber!

Spanische Fassung

Lección Octava: ¿Tiene usted hambre?

08|01 M: Es raro, pero por una u otra razón, una imitación puede ser hoy en día mejor que su original.
08|02 J: Sí. Piense en el cuero o en las pieles. Yo nunca me pondría un abrigo de piel natural. No quiero que mueran animales para ponerme su piel. Prefiero imitaciones.
08|03 M: Aparte de las consideraciones de tipo moral, son mucho más baratas.
08|04 J: Es cierto. Usted podrá obtener más por su dinero, y sobrarle suficiente para ir, por ejemplo, a un restaurante.
08|05 M: ¡Ésa es una buena idea! ¿Tiene usted hambre?
08|06 J: Sí.
08|07 M: Hay un local a la vuelta de la esquina. Hacen buena comida italiana. ¿O prefiere usted comida china?
08|08 J: Me gustan ambas. Pero de momento me apetece más la italiana.
08|09 M: Muy bien, vamos. ¿Es ésta su chaqueta?
08|10 J: Sí, ¡100 por ciento imitación!
08|11 M: A propósito. Acabo de acordarme de un cuento.
08|12 J: Cuéntelo.
08|13 M: Se trata del bebé de una foca al que mataron por su piel. Así que fue directamente al cielo, siendo acogido calurosamente por San Pedro, que le dijo: “Como te mataron por tu piel, Dios decidió concederte un deseo. ¿Qué deseas, pequeña foca?”
08|14 J: Y, ¿qué dijo ella?
08|15 M: La pequeña foca dijo a San Pedro: “¡Quiero un abrigo hecho con la piel de señoras gordas!”
08|16 J: ¡Vale la pena reflexionar sobre esto!

Lektion 9: Im Restaurant

09|01 J: Ich könnte mir ähnliche Geschichten für Elefanten vorstellen, die man wegen ihrer Stoßzähne jagt …

09|02 M: … oder für viele andere Tiere, die die Menschen töten, aber nicht zum Essen …

09|03 J: Wo wir gerade von Essen sprechen, ist das Lokal hier?

09|04 M: Ja. Lassen Sie mich Ihnen die Tür öffnen.

09|05 J: Danke. Oh, was für ein netter Ort. Gefällt mir!

09|06 M: Ich war hier schon mal. Die Preise sind angemessen, und die Qualität ist gut.

09|07 J: Wie wäre es mit jenem Tisch?

09|08 M: Ja, das ist gut.

09|09 J: Ich werde Spaghetti Bolognese essen. Ich mag Spaghetti.

09|10 M: Und einen guten Salat mit Dressing auf italienische Art!

09|11 J: Sie meinen mit Öl und Essig? Klingt gut.

09|12 M: Und zum Trinken? Etwas Wein?

09|13 J: Wie nennt man diesen italienischen Wein in Flaschen, die einen dünnen Hals haben und unten ziemlich dick sind?

09|14 M: Chianti!

09|15 J: Genau! Bestellen wir davon?

09|16 M: Einverstanden, der Kellner kommt schon …

09|17 J: Miguel, entschuldigen Sie mich einen Moment?

09|18 M: Die Damentoilette ist dort gegenüber.

09|19 J: Danke.

09|20 M: Soll ich das Essen für beide bestellen?

09|21 J: Ja, bittc. Ich bin sofort zurück.

Dekodierte Fassung

Lección Novena: En el restaurante
Lektion Neunte: In dem Restaurant

09|01 J: Podría imaginarme historias parecidas para elefantes, que se
Ich könnte vorstellen_mir Geschichten ähnliche für Elefanten, die sich

cazan por sus colmillos …
jagen wegen ihrer Stoßzähne …

09|02 M: … o para muchos otros animales que matan los hombres, pero
… oder für viele andere Tiere die töten die Menschen, aber

no para comer …
nicht für essen …

09|03 J: Hablando de comer, ¿es aquí el local?
Sprechend von essen, ¿ist hier das Lokal?

09|04 M: Sí. Déjeme abrirle la puerta.
Ja. Lassen_Sie_mich öffnen_Ihnen die Tür.

09|05 J: Gracias. ¡Oh!, qué lugar más agradable, ¡me gusta!
Danke. ¡Oh!, was für ein Ort meist netter, ¡mir gefällt!

09|06 M: Yo he estado aquí una vez. Los precios son módicos y la
Ich habe gewesen hier ein Mal. Die Preise sind angemessen und die

calidad buena.
Qualität gut.

09|07 J: ¿Qué le parece aquella mesa?
¿Was Ihnen scheint jener Tisch?

09|08 M: Sí, está bien.
Ja, das ist gut.

09|09 J: Yo voy a comer espagueti a la boloñesa. Me encantan los espagueti.
Ich gehe[7] zu essen Spaghetti à la Bolognese. Mich erfreuen die Spaghetti.

09|10 M: Y una buena ensalada con aliño a la italiana.
Und einen guten Salat mit Dressing auf die italienische Art.

09|11 J: Quiere decir, ¿con aceite y vinagre? ¡Suena bien!
Sie wollen sagen, ¿mit Öl und Essig? ¡Klingt gut!

09|12 M: ¿Y para beber? ¿Algo de vino?
¿Und für trinken? ¿Etwas von Wein?

09|13 J: ¿Cómo llaman a ese vino italiano en botellas que tienen
¿Wie sie nennen zu diesem Wein italienischen in Flaschen die haben

el cuello fino y son abajo bastante gruesas?
den Hals dünn und sind unten ziemlich dick?

09|14 M: ¡Chianti!
¡Chianti!

09|15 J: Eso es. ¿Pedimos un poco?
Genau. ¿Bestellen wir ein wenig?

09|16 M: De acuerdo, el camarero ya viene …
Einverstanden, der Kellner schon kommt …

09|17 J: Miguel, ¿me disculpa un momento?
Miguel, ¿mich entschuldigen Sie einen Moment?

09|18 M: El lavabo para señoras está allí enfrente.
Die Toilette für Damen ist dort gegenüber.

---

7 Anstatt „ich werde essen“, „du wirst lesen“, „er wird rechnen“ usw. sagt man im Spanischen oft „ich gehe zu essen“, „du gehst zu lesen“, „er geht zu rechnen“ usw.

09|19 J: Gracias.
Danke.

09|20 M: ¿Encargo la comida para ambos?
¿Bestelle ich das Essen für beide?

09|21 J: Sí, por favor. Yo vuelvo enseguida.
Ja, bitte. Ich zurückkehre sofort.

Spanische Fassung

Lección Novena: En el restaurante

09|01 J: Podría imaginarme historias parecidas para elefantes, que se cazan por sus colmillos …
09|02 M: … o para muchos otros animales que matan los hombres, pero no para comer …
09|03 J: Hablando de comer, ¿es aquí el local?
09|04 M: Sí. Déjeme abrirle la puerta.
09|05 J: Gracias. ¡Oh!, qué lugar más agradable, ¡me gusta!
09|06 M: Yo he estado aquí una vez. Los precios son módicos y la calidad buena.
09|07 J: ¿Qué le parece aquella mesa?
09|08 M: Sí, está bien.
09|09 J: Yo voy a comer espagueti a la boloñesa. Me encantan los espagueti.
09|10 M: Y una buena ensalada con aliño a la italiana.
09|11 J: Quiere decir, ¿con aceite y vinagre? ¡Suena bien!
09|12 M: ¿Y para beber? ¿Algo de vino?
09|13 J: ¿Cómo llaman a ese vino italiano en botellas que tienen el cuello fino y son abajo bastante gruesas?
09|14 M: ¡Chianti!
09|15 J: Eso es. ¿Pedimos un poco?
09|16 M: De acuerdo, el camarero ya viene …
09|17 J: Miguel, ¿me disculpa un momento?
09|18 M: El lavabo para señoras está allí enfrente.
09|19 J: Gracias.
09|20 M: ¿Encargo la comida para ambos?
09|21 J: Sí, por favor. Yo vuelvo enseguida.

Lektion 10: Auf Wiedersehen

10|01 M: Das war ein köstliches Essen, nicht wahr?

10|02 J: Ja. Danke für das großartige Abendessen.

10|03 M: Wollen Sie einen Kaffee trinken?

10|04 J: Gute Idee. Obwohl ich in der Regel nicht viel Kaffee trinke.

10|05 M: Ich auch nicht. Tagsüber trinke ich im Allgemeinen Tee.

10|06 J: Mit Milch! Ich glaube, dass ich in dieser Hinsicht ziemlich anglophil bin.

10|07 M: Ich nehme auch Milch dazu. Die Italiener trinken viel Kaffee oder eher Cappuccino oder Espresso.

10|08 J: Die Nordamerikaner konsumieren viel Cola und die Franzosen Wein.

10|09 M: Andere Länder, andere Sitten.

10|10 J: Das ist ein weiterer Aspekt des Sprachenlernens. Man lernt gleichzeitig etwas über andere Sitten und auch über andere Länder.

10|11 M: Und dafür braucht man nicht ins Ausland zu gehen. In dem kleinen Dorf, das die Welt ist, können wir Leute aus anderen Ländern vor der Tür treffen, außer wir denken, dass sie Ausländer sind, und glauben, dass wir etwas Besseres seien …

10|12 J: Wir sind alle Ausländer auf der ganzen Welt, außer an einem sehr kleinen Ort, den wir Zuhause nennen. Apropos, ich muss nach Hause gehen, es wird spät.

10|13 M: Ja, es ist fast Mitternacht. Nun, es war sehr nett, mit Ihnen zu sprechen, Juana.

10|14 J: Auch ich fand es sehr nett, Miguel.

10|15 M: Vielleicht können wir es wiederholen.

10|16 J: Ich würde mich sehr freuen. Nehmen Sie meine Karte. Rufen Sie mich an, wann Sie wollen.

10|17 M: Das werde ich tun. Hier ist meine. Soll ich Sie nach Hause bringen?

10|18 J: Nein, danke. Es reicht, wenn Sie dem Kellner sagen, dass man ein Taxi rufen soll.

10|19 M: Herr Ober, könnten Sie ein Taxi für das Fräulein rufen? Gut, auf Wiedersehen für heute, Juana?

10|20 J: Ich fürchte ja. Bis zum nächsten Mal.

Dekodierte Fassung

Lección Décima: Adiós
Lektion Zehnte: Auf_Wiedersehen

10|01 M: Ha sido una comida deliciosa, ¿no?
Es hat gewesen ein Essen köstliches, ¿nicht?

10|02 J: Sí. Gracias por la magnífica cena.
Ja. Danke für das großartige Abendessen.

10|03 M: ¿Desea tomar café?
¿Wünschen Sie nehmen Kaffee?

10|04 J: Buena idea. Aunque como norma no tomo mucho café.
Gute Idee. Obwohl in_der_Regel ich nicht nehme viel Kaffee.

10|05 M: Yo tampoco. Durante el día tomo generalmente té.
Ich auch_nicht. Tagsüber ich nehme im_Allgemeinen Tee.

10|06 J: ¡Con leche! Creo que en ese aspecto soy bastante anglófila.
¡Mit Milch! Ich glaube dass in dieser Hinsicht ich bin ziemlich anglophil.

10|07 M: Yo también le pongo leche. Los italianos toman mucho café,
Ich auch ihm zusetze Milch. Die Italiener nehmen viel Kaffee,

o más bien capuchino o expreso.
oder eher Cappuccino oder Espresso.

10|08 J: Los norteamericanos consumen mucha coca cola y los franceses vino.
Die Nordamerikaner konsumieren viel Coca Cola und die Franzosen Wein.

10|09 M: Otros países, otras costumbres.
Andere Länder, andere Sitten.

10|10 J: Ése es otro aspecto en el estudio de idiomas. A la vez
Dies ist weiterer Aspekt in dem Lernen von Sprachen. Gleichzeitig

se aprende algo sobre otras costumbres, y también sobre otras naciones.
sich lernt etwas über andere Sitten, und auch über andere Länder.

10|11 M: Y para ello no se necesita ir al extranjero. En la
Und dafür nicht sich braucht gehen in_das Ausland. In dem

pequeña aldea que cs cl mundo podemos encontrar gente de
kleinen Dorf das ist die Welt wir können treffen Leute von

otras naciones ante la puerta, sin pensar que son extranjeros
anderen Ländern vor der Tür, ohne denken dass sie sind Ausländer

o creer que nosotros somos algo mejor …
oder glauben dass wir sind etwas Besseres …

10|12 J: Todos somos extranjeros en todo el mundo, menos en un lugar
Alle wir sind Ausländer in all der Welt, außer an einem Ort

muy pequeño al que llamamos casa. A propósito, tengo
sehr kleinen zu_dem dass wir nennen Zuhause. Apropos, ich habe

que irme a casa, se está haciendo tarde.
zu gehen_mich nach Hause, es sich ist machend spät.

10|13 M: Sí, es casi media noche. Bueno, fue muy agradable hablar con
Ja, es ist fast Mitternacht. Nun, es war sehr nett sprechen mit

usted, Juana.
Ihnen, Juana.

10|14 J: A mí me ha parecido también muy agradable, Miguel.
Zu mir es mir hat erschienen auch sehr nett, Miguel.

10|15 M: Tal vez podamos repetirlo.
Vielleicht können wir wiederholen_es.

10|16 J: Me alegraría mucho. Tome mi tarjeta.
Ich mich freuen_würde viel. Nehmen Sie meine Karte.

Llámeme cuando quiera.
Anrufen_Sie_mich wann Sie wollen.

10|17 M: Lo haré. Aquí está la mía. ¿La llevo a casa?
Ich es tun_werde. Hier ist die meine. ¿Sie bringe ich nach Hause?

10|18 J: No, gracias. Está bien si le dice al camarero que
Nein, danke. Es ist gut falls Sie ihm sagen zu_dem Kellner dass

llamen un taxi.
sie rufen ein Taxi.

10|19 M: Camarero, ¿podría llamar un taxi para la señorita? Bueno,
Kellner, ¿könnten Sie rufen ein Taxi für das Fräulein? Gut,

¿adiós por hoy, Juana?
¿auf_Wiedersehen für heute, Juana?

10|20 J: Me temo que sí. Hasta la próxima vez.
Ich mich fürchte dass ja. Bis das nächste Mal.

Spanische Fassung

Lección Décima: Adiós

10|01 M: Ha sido una comida deliciosa, ¿no?
10|02 J: Sí. Gracias por la magnífica cena.
10|03 M: ¿Desea tomar café?
10|04 J: Buena idea. Aunque como norma no tomo mucho café.
10|05 M: Yo tampoco. Durante el día tomo generalmente té.
10|06 J: ¡Con leche! Creo que en ese aspecto soy bastante anglófila.
10|07 M: Yo también le pongo leche. Los italianos toman mucho café, o más bien capuchino o expreso.
10|08 J: Los norteamericanos consumen mucha coca cola y los franceses vino.
10|09 M: Otros países, otras costumbres.
10|10 J: Ése es otro aspecto en el estudio de idiomas. A la vez se aprende algo sobre otras costumbres, y también sobre otras naciones.
10|11 M: Y para ello no se necesita ir al extranjero. En la pequeña aldea que es el mundo podemos encontrar gente de otras naciones ante la puerta, sin pensar que son extranjeros o creer que nosotros somos algo mejor …
10|12 J: Todos somos extranjeros en todo el mundo, menos en un lugar muy pequeño al que llamamos casa. A propósito, tengo que irme a casa, se está haciendo tarde.
10|13 M: Sí, es casi media noche. Bueno, fue muy agradable hablar con usted, Juana.
10|14 J: A mí me ha parecido también muy agradable, Miguel.
10|15 M: Tal vez podamos repetirlo.

10|16 J: Me alegraría mucho. Tome mi tarjeta. Llámeme cuando quiera.

10|17 M: Lo haré. Aquí está la mía. ¿La llevo a casa?

10|18 J: No, gracias. Está bien si le dice al camarero que llamen un taxi.

10|19 M: Camarero, ¿podría llamar un taxi para la señorita? Bueno, ¿adiós por hoy, Juana?

10|20 J: Me temo que sí. Hasta la próxima vez.

Epilog Teil 1

1E|01 J: Und Sie, meine Damen und Herren, werden uns immer treffen, wenn Sie diese Kassette anhören.

1E|02 M: Damit endet der erste Teil. Wenn Sie alles Vorherige verstehen, haben Sie den schwierigsten Teil der Reise ins Spanische gemeistert.

1E|03 J: Der Anfang ist immer das Schwierigste. Ab jetzt wird es leichter. Weil Sie den Text immer, wenn Sie ihn anhören, vertrauter finden werden.

1E|04 M: Sie haben gelernt, wie man andere begrüßt, wie man Namen austauscht und sich merkt und wie man erfährt, wo die Leute, die Sie kennengelernt haben, leben und was sie machen.

1E|05 J: Und Sie haben damit begonnen, sich über andere Dinge zu unterhalten. Sie haben wichtige Sätze gelernt, die notwendig sind, um Meinungen über irgendein anderes Thema auszutauschen.

1E|06 M: Wenn Sie den ersten Teil vollständig verstehen, werden Sie in der Lage sein, mit dem zweiten Teil weiterzumachen, wo wir Ihnen zeigen werden, wie man verschiedene Tätigkeiten ausführt.

1E|07 J: Wir werden ein Grammatikspiel und ein Mathematikspiel spielen. Wir werden von Geburtstagen sprechen, wir werden Adressen erklären, wir werden einen Telefonanruf tätigen usw.

1E|08 M: Gut, für den Moment sagen wir auf Wiedersehen.

1E|09 J: Auf Wiedersehen, viel Glück und bis zum nächsten Mal …

1E|10 M: … und das kann irgendwann sein, wenn Sie wünschen, uns zuzuhören.

1E|11 J: Und es wird immer leichter. Es ist ermutigend, wenn Sie lernen wollen und erkennen, dass jeder neue Satz Sie einen Schritt mehr dem Ziel näherbringt, die Sprache zu beherrschen.

1E|12 M: So ist es. Auf Wiedersehen.

1E|13 J: Auf Wiedersehen, Miguel.

Dekodierte Fassung

Epílogo
Epilog

1E|01 J: Y ustedes, señores y señoras, nos encontrarán a nosotros
Und Sie, Herren und Damen, uns treffen_werden zu uns

cada vez que escuchen este casete.
immer dass Sie anhören diese Kassette.

1E|02 M: Con esto finaliza la primera parte. Si usted entiende todo lo
Damit endet der erste Teil. Falls Sie verstehen all das

anterior, habrá dominado la parte más difícil
Vorherige, Sie haben_werden gemeistert den Teil meist schwierigen

del viaje al español.
von_der Reise in_das Spanische.

1E|03 J: El comienzo es siempre lo más difícil. De aquí en adelante
Der Anfang ist immer das meist Schwierige. Ab_jetzt es

será más fácil. Porque cada vez que usted escuche el texto
sein_wird mehr leicht. Weil immer dass Sie anhören den Text Sie

lo encontrará más familiar.
ihn finden_werden mehr vertraut.

1E|04 M: Usted ha aprendido cómo saludar a los demás, cómo
Sie haben gelernt wie begrüßen zu den anderen, wie

intercambiar y recordar nombres, y cómo enterarse de
austauschen und merken Namen, und wie erfahren_sich da‿ von

dónde vive la gente que ha conocido, y lo que hace.
wo leben die Leute die Sie haben kennengelernt, und das was sie machen.

1E|05 J: Y usted ha iniciado la manera de conversar sobre otras
Und Sie haben begonnen die Art von unterhalten über andere

cosas. Usted ha aprendido importantes frases, necesarias para
Dinge. Sie haben gelernt wichtige Sätze, notwendig für

intercambiar opiniones sobre cualquier otro tema.
austauschen Meinungen über irgendein anderes Thema.

1E|06 M: Si usted comprende completamente toda la primera parte,
Falls Sie verstehen vollständig all den ersten Teil, Sie

estará en condiciones de continuar con la segunda parte,
sein_werden in_der_Lage von weitermachen mit dem zweiten Teil,

durante la cual les enseñaremos a efectuar
während dem welchen wir Ihnen zeigen_werden zu ausführen

diversas actividades.
verschiedene Tätigkeiten.

1E|07 J: Haremos un juego de gramática y un juego de
Wir machen_werden ein Spiel von Grammatik und ein Spiel von

matemáticas. Hablaremos de cumpleaños,
Mathematik. Wir sprechen_werden von Geburtstagen, wir

aclararemos direcciones, haremos una llamada
erklären_werden Adressen, wir machen_werden einen Anruf

telefónica, etc.
telefonischen, usw.

1E|08 M: Bueno, de momento decimos adiós.
Gut, für_den_Moment wir sagen auf_Wiedersehen.

1E|09 J: Adiós, buena suerte, y hasta la próxima vez …
Auf_Wiedersehen, gutes Glück, und bis das nächste Mal …

1E|10 M: … la cual puede ser en cualquier momento en que usted
… das welche kann sein in irgendeinem Moment in dem Sie

desee escucharnos.
wünschen zuhören_uns.

1E|11 J: Y cada vez será más fácil. Es alentador cuando usted
Und immer es sein_wird mehr leicht. Es ist ermutigend wenn Sie

desea aprender y se da cuenta de que cada
wünschen lernen und sich geben Berücksichtigung da‿ von dass jeder

nueva frase le acerca un paso más a la meta en el
neue Satz Sie annähert einen Schritt mehr zu dem Ziel in der

dominio del idioma.
Beherrschung von_der Sprache.

1E|12 M: Así es. Adiós.
So es ist. Auf_Wiedersehen.

1E|13 J: Adiós, Miguel.
Auf_Wiedersehen, Miguel.

Spanische Fassung

Epílogo

1E|01 J: Y ustedes, señores y señoras, nos encontrarán a nosotros cada vez que escuchen este casete.

1E|02 M: Con esto finaliza la primera parte. Si usted entiende todo lo anterior, habrá dominado la parte más difícil del viaje al español.

1E|03 J: El comienzo es siempre lo más difícil. De aquí en adelante será más fácil. Porque cada vez que usted escuche el texto lo encontrará más familiar.

1E|04 M: Usted ha aprendido cómo saludar a los demás, cómo intercambiar y recordar nombres, y cómo enterarse de dónde vive la gente que ha conocido, y lo que hace.

1E|05 J: Y usted ha iniciado la manera de conversar sobre otras cosas. Usted ha aprendido importantes frases, necesarias para intercambiar opiniones sobre cualquier otro tema.

1E|06 M: Si usted comprende completamente toda la primera parte, estará en condiciones de continuar con la segunda parte, durante la cual les enseñaremos a efectuar diversas actividades.

1E|07 J: Haremos un juego de gramática y un juego de matemáticas. Hablaremos de cumpleaños, aclararemos direcciones, haremos una llamada telefónica, etc.

1E|08 M: Bueno, de momento decimos adiós.

1E|09 J: Adiós, buena suerte, y hasta la próxima vez …

1E|10 M: … la cual puede ser en cualquier momento en que usted desee escucharnos.

1E|11 J: Y cada vez será más fácil. Es alentador cuando usted desea aprender y se da cuenta de que cada nueva frase le acerca un paso más a la meta en el dominio del idioma.

1E|12 M: Así es. Adiós.

1E|13 J: Adiós, Miguel.

Prolog Teil 2: Ein Schritt nach dem anderen!

2P|01 J: Willkommen zum zweiten Teil dieses Kurses. Wenn Sie dem ersten Teil von Anfang an gefolgt sind, wissen Sie jetzt, wie man andere Personen kennenlernt und wie man sich ihre Namen merkt …

2P|02 M: … wie Sie den Namen von Personen Ihre Aufmerksamkeit widmen und versuchen, sie sich zu merken …

2P|03 J: … wofür man Gedächtnistricks oder Gedächtnisbrücken benutzt …

2P|04 M: … weil Namen wichtig sind! Personen schätzen es, wenn Sie Interesse an ihnen zeigen.

2P|05 J: Und mit ihrem Namen beginnt es. Dann können Sie auf den Ort, wo Sie leben, und auf die Arbeit, die Sie machen, eingehen oder eine Unterhaltung beginnen …

2P|06 M: Es ist wichtig, dass man zunächst auf Dinge eingeht, die man kennt und über die man sprechen kann, wenn man eine Sprache lernt …

2P|07 J: … etwas später können Sie über alles sprechen, was Sie wollen.

2P|08 M: Weil sich der Lernende genauso wie ein Kind, das gehen lernt, darauf konzentrieren kann, einen Schritt nach dem anderen zu machen.

2P|09 J: Und jeder neue Satz ist ein solcher Schritt.

2P|10 M: Wenn Sie sich auf jeden Satz konzentrieren, es ruhig angehen und sich Zeit nehmen, ist Lernen angenehm.

2P|11 J: Und jeder gemachte Schritt ist gut, um das Selbstvertrauen zu stärken.

2P|12 M: Gut, setzen wir unsere Reise in die spanische Sprache fort. Begleiten Sie mich, während ich mit Juana am Telefon spreche …

Dekodierte Fassung

Prólogo: ¡Un paso después del otro!
Prolog: ¡Ein Schritt danach von_dem anderen!

2P|01 J: Bienvenidos a la segunda parte de este curso. Si usted siguió
Willkommen zu dem zweiten Teil von diesem Kurs. Falls Sie folgten

desde un principio la primera parte, ahora sabe cómo conocer
von_Anfang_an dem ersten Teil, jetzt Sie wissen wie kennenlernen

a otras personas y cómo recordar sus nombres …
zu anderen Personen und wie merken ihre Namen …

2P|02 M: … cómo pone atención a los nombres de las personas,
… wie Sie legen Aufmerksamkeit auf die Namen von den Personen,

e intenta recordarlos …
und versuchen merken_sie …

2P|03 J: … para lo cual se usan trucos o puentes de memoria …
… für das welche sich benutzen Tricks oder Brücken von Gedächtnis …

2P|04 M: … ¡porque los nombres son importantes! Las personas estiman que
… ¡weil die Namen sind wichtig! Die Personen schätzen dass

usted muestre interés por ellas.
Sie zeigen Interesse für sie.

2P|05 J: Y con su nombre se empieza. Luego, usted puede referirse
Und mit ihrem Namen sich beginnt. Dann, Sie können beziehen_sich

al lugar en dónde vive, al trabajo que hace, o
auf_den Ort in wo Sie leben, auf_die Arbeit die Sie machen, oder

iniciar conversación …
beginnen Unterhaltung …

2P|06 M: Es importante que uno se refiera al principio a cosas que
Es ist wichtig dass einer sich bezieht zunächst auf Dinge die man

conoce y sobre las cuales está en condiciones de hablar
kennt und über die welche man ist in_der_Lage von sprechen

cuando aprende un idioma …
wenn man lernt eine Sprache …

2P|07 J: … algo más tarde, usted podrá hablar sobre todo lo que
… etwas mehr spät, Sie können_werden sprechen über all das was

usted desee.
Sie wünschen.

2P|08 M: Porque, al igual que un niño que aprende a caminar, el estudiante
Weil, genauso wie ein Kind das lernt zu gehen, der Lernende

puede concentrarse en dar un paso después del otro.
kann konzentrieren_sich auf geben einen Schritt danach von_dem anderen.

2P|09 J: Y cada nueva frase es un tal paso.
Und jeder neue Satz ist ein solcher Schritt.

2P|10 M: Si usted se concentra en cada frase, lo toma con calma
Falls Sie sich konzentrieren auf jeden Satz, es nehmen mit Ruhe

y le dedica tiempo, aprender es agradable.
und ihm widmen Zeit, Lernen ist angenehm.

2P|11 J: Y cada paso dado es bueno para fortalecer la confianza en
Und jeder Schritt gegebene ist gut für stärken das Vertrauen in

sí mismo.
sich selbst.

2P|12 M: Bien, sigamos nuestro viaje al idioma español.
Gut, fortsetzen wir unsere Reise in_die Sprache spanische.

Acompáñeme	mientras		hablo	con	Juana	por	teléfono	…
Begleiten_Sie_mich	**während**	**ich**	**spreche**	**mit**	**Juana**	**per**	**Telefon**	**…**

Spanische Fassung

Prólogo: ¡Un paso después del otro!

2P|01 J: Bienvenidos a la segunda parte de este curso. Si usted siguió desde un principio la primera parte, ahora sabe cómo conocer a otras personas y cómo recordar sus nombres …

2P|02 M: … cómo pone atención a los nombres de las personas, e intenta recordarlos …

2P|03 J: … para lo cual se usan trucos o puentes de memoria …

2P|04 M: … ¡porque los nombres son importantes! Las personas estiman que usted muestre interés por ellas.

2P|05 J: Y con su nombre se empieza. Luego, usted puede referirse al lugar en dónde vive, al trabajo que hace, o iniciar conversación …

2P|06 M: Es importante que uno se refiera al principio a cosas que conoce y sobre las cuales está en condiciones de hablar cuando aprende un idioma …

2P|07 J: … algo más tarde, usted podrá hablar sobre todo lo que usted desee.

2P|08 M: Porque, al igual que un niño que aprende a caminar, el estudiante puede concentrarse en dar un paso después del otro.

2P|09 J: Y cada nueva frase es un tal paso.

2P|10 M: Si usted se concentra en cada frase, lo toma con calma y le dedica tiempo, aprender es agradable.

2P|11 J: Y cada paso dado es bueno para fortalecer la confianza en sí mismo.

2P|12 M: Bien, sigamos nuestro viaje al idioma español. Acompáñeme mientras hablo con Juana por teléfono …

Lektion 11: Ein Telefonanruf

11|01 M: Wo ist Juanas Karte mit ihrer Telefonnummer? Oh … hier ist sie. Mal sehen …
11|02 J: Hallo?
11|03 M: Hallo! Könnte ich bitte mit Frau Rosales sprechen?
11|04 J: Entschuldigen Sie, ich höre Sie schlecht. Ich habe nicht verstanden …
11|05 M: Könnte ich mit Frau Rosales sprechen?
11|06 J: Wer ist dran?
11|07 M: Ich bin Miguel Arenas.
11|08 J: Oh, sind Sie der Herr, der neulich Abend mir ihr zu Abend gegessen hat?
11|09 M: Ja, das bin ich. Sagen Sie, sind Sie das, Juana?
11|10 J: Ja, das bin ich, Miguel.
11|11 M: Ich habe Ihre Stimme zunächst nicht erkannt.
11|12 J: Ich weiß schon, unser Telefon ist nicht das neueste Modell.
11|13 M: Ich dachte: Ist das Juanas Schwester …?
11|14 J: … oder meine Mutter?
11|15 M: Nun, ich muss auf eine Geschäftsreise nach Barcelona und würde Sie gerne wiedersehen.
11|16 J: Das freut mich zu hören. Wann wollen Sie kommen?
11|17 M: Am Freitag muss ich verschiedene Besuche machen. Haben Sie Zeit, mit mir am Freitag zu Abend zu essen?
11|18 J: Fantastisch! Freitagabend. Ich freue mich!
11|19 M: Wunderbar. Kann ich Sie um sieben abholen?
11|20 J: Ja, ich werde Sie erwarten, Miguel.

Dekodierte Fassung

Lección Undécima: Una llamada telefónica
Lektion Elfte: Ein Anruf telefonischer

11|01 M: ¿Dónde está la tarjeta de Juana con su número de teléfono? Oh
¿Wo ist die Karte von Juana mit ihrer Nummer von Telefon? Oh

… aquí está. Vamos a ver …
… hier sie ist. Gehen wir zu sehen …

11|02 J: ¿Dígame?
¿Sagen_Sie_mir?

11|03 M: ¡Hola! ¿Podría hablar con la señora Rosales, por favor?
¡Hallo! ¿Könnte ich sprechen mit der Frau Rosales, bitte?

11|04 J: Discúlpeme, se oye mal. No he entendido …
Entschuldigen_Sie_mich, es sich hört schlecht. Ich nicht habe verstanden …

11|05 M: ¿Podría hablar con la señora Rosales?
¿Könnte ich sprechen mit der Frau Rosales?

11|06 J: ¿Quién llama?
¿Wer anruft?

11|07 M: Soy Miguel Arenas.
Ich bin Miguel Arenas.

11|08 J: Oh, ¿es usted el caballero que cenó con ella la otra noche?
Oh, ¿sind Sie der Herr der zu_Abend_aß mit ihr neulich_Abend?

11|09 M: Sí, soy yo. Diga, ¿es usted, Juana?
Ja, das bin ich. Sagen Sie, ¿sind das Sie, Juana?

11|10 J: Sí, soy yo, Miguel.
Ja, das bin ich, Miguel.

11|11 M: Al principio no reconocí su voz.
Zunächst ich nicht erkannte Ihre Stimme.

11|12 J: Ya sé, nuestro teléfono no es el último modelo.
Schon ich weiß, unser Telefon nicht ist das letzte Modell.

11|13 M: Pensé: ¿Será la hermana de Juana? …
Ich dachte: ¿Sein_wird das die Schwester von Juana? …

11|14 J: … ¿o, mi madre?
… ¿oder, meine Mutter?

11|15 M: Bucno, yo tengo que ir a Barcelona en viaje de negocios,
Nun, ich habe zu gehen nach Barcelona auf Reise von Geschäften,

y me gustaría verle otra vez.
und es mir gefallen_würde sehen_Sie wieder.

11|16 J: Me alegra oirlo. ¿Cuándo desea venir?
Es mich freut hören_es. ¿Wann wünschen Sie kommen?

11|17 M: El viernes tengo varias visitas que hacer. ¿Tiene usted
Den Freitag ich habe verschiedene Besuche zu machen. ¿Haben Sie

tiempo para ir a cenar el viernes conmigo?
Zeit für gehen zu Abendessen den Freitag mit_mir?

11|18 J: ¡Fantástico! El viernes por la noche. ¡Encantada!
¡Fantastisch! Den Freitag durch den Abend. ¡Erfreut!

11|19 M: Estupendo. ¿Puedo recogerla a las siete?
Wunderbar. ¿Kann ich abholen_Sie um die sieben?

11|20 J: Sí, le esperaré, Miguel.
Ja, ich Sie erwarten_werde, Miguel.

Spanische Fassung

Lección Undécima: Una llamada telefónica

11|01 M: ¿Dónde está la tarjeta de Juana con su número de teléfono? Oh … aquí está. Vamos a ver …
11|02 J: ¿Dígame?
11|03 M: ¡Hola! ¿Podría hablar con la señora Rosales, por favor?
11|04 J: Discúlpeme, se oye mal. No he entendido …
11|05 M: ¿Podría hablar con la señora Rosales?
11|06 J: ¿Quién llama?
11|07 M: Soy Miguel Arenas.
11|08 J: Oh, ¿es usted el caballero que cenó con ella la otra noche?
11|09 M: Sí, soy yo. Diga, ¿es usted, Juana?
11|10 J: Sí, soy yo, Miguel.
11|11 M: Al principio no reconocí su voz.
11|12 J: Ya sé, nuestro teléfono no es el último modelo.
11|13 M: Pensé: ¿Será la hermana de Juana? …
11|14 J: … ¿o, mi madre?
11|15 M: Bueno, yo tengo que ir a Barcelona en viaje de negocios, y me gustaría verle otra vez.
11|16 J: Me alegra oirlo. ¿Cuándo desea venir?
11|17 M: El viernes tengo varias visitas que hacer. ¿Tiene usted tiempo para ir a cenar el viernes conmigo?
11|18 J: ¡Fantástico! El viernes por la noche. ¡Encantada!
11|19 M: Estupendo. ¿Puedo recogerla a las siete?
11|20 J: Sí, le esperaré, Miguel.

Lektion 12: Anweisungen

12|01 M: Ich schaue gerade auf Ihre Adresse. Ist es schwierig, sie zu finden?
12|02 J: Nein, es ist nicht schwierig. Eigentlich ist es sehr leicht. Es ist in einer der Hauptstraßen von Barcelona. Wo empfangen Sie Ihre Kunden?
12|03 M: Im Hotel Emperador.
12|04 J: Das ist im Zentrum nahe am Bahnhof. Nehmen Sie an, dass Sie aus dem Hotel herausgehen …
12|05 M: Ja.
12|06 J: Biegen Sie die erste Straße nach rechts und die folgende nach links ab. Das ist die Avenida de España.
12|07 M: Verstanden.
12|08 J: Wenn Sie an der dritten Ampel ankommen, biegen Sie wieder nach links ab. Das ist die Straße, wo ich lebe.
12|09 M: Oh, das ist leicht!
12|10 J: Gehen Sie in diese Richtung ungefähr einen Kilometer weiter. Dann werden Sie ein großes Gebäude sehen, bevor Sie in das Wohngebiet kommen. Die Nummer 345 ist neben der Shell-Tankstelle.
12|11 M: Auf der rechten oder linken Straßenseite?
12|12 J: Auf der rechten Seite. Die Einfahrt ist direkt nach der Ausfahrt der Shell-Station.
12|13 M: Gut. Verstanden. Scheint leicht.
12|14 J: Ich werde mein Auto in der Garage lassen, damit Sie in der Einfahrt parken können.
12|15 M: Sehr gut. Dann sehen wir uns am Freitagabend um sieben. Auf Wiedersehen, Juana.
12|16 J: Auf Wiedersehen, Miguel.

Dekodierte Fassung

Lección Duodécima: Instrucciones
Lektion Zwölfte: Anweisungen

12|01 M: Estoy mirando su dirección. ¿Es difícil de encontrar?
Ich bin anschauend Ihre Adresse. ¿Ist es schwierig von finden?

12|02 J: No, no es difícil. En realidad es muy fácil. Es en
Nein, es nicht ist schwierig. Eigentlich es ist sehr leicht. Es ist in

una de las principales calles de Barcelona. ¿Dónde recibe a
einer von den Hauptstraßen von Barcelona. ¿Wo Sie empfangen zu

sus clientes?
Ihren Kunden?

12|03 M: En el Hotel Emperador.
In dem Hotel Emperador.

12|04 J: Es en el centro, y cerca de la estación.
Das ist in dem Zentrum, und nahe von dem Bahnhof.

Supóngase que usted sale del hotel …
Annehmen_Sie_sich dass Sie herausgehen von_dem Hotel …

12|05 M: Sí.
Ja.

12|06 J: Tuerza la primera calle a la derecha, y la siguiente a
Abbiegen Sie die erste Straße zu der Rechten, und die folgende zu

la izquierda. Ésa es la avenida de España.
der Linken. Dies ist die Avenida de España.

12|07 M: De acuerdo.
Verstanden.

12|08 J: Al llegar al tercer semáforo tuerza otra vez a
Bei_dem Ankommen an_der dritten Ampel abbiegen Sie wieder zu

la izquierda. Ésa es la calle donde vivo yo.
der Linken. Dies ist die Straße wo lebe ich.

12|09 M: Oh, ¡es fácil!
Oh, ¡das ist leicht!

12|10 J: Siga en esa dirección aproximadamente un kilómetro.
Weitergehen Sie in diese Richtung ungefähr einen Kilometer.

Entonces verá usted un gran edificio, antes de entrar
Dann sehen_werden Sie ein großes Gebäude, davor von eintreten

en la zona residencial. El número 345 está al lado de la
in das Wohngebiet. Die Nummer 345 ist daneben von der

estación de gasolina de la Shell.
Tankstelle von der Shell.

12|11 M: ¿Al lado derecho o al lado izquierdo de la calle?
¿Auf_der Seite rechten oder auf_der Seite linken von der Straße?

12|12 J: Al lado derecho. La entrada está directamente después de la
Auf_der Seite rechten. Die Einfahrt ist direkt danach von der

salida de la estación de la Shell.
Ausfahrt von der Station von der Shell.

12|13 M: Bien. De acuerdo. Parece fácil.
Gut. Verstanden. Scheint leicht.

12|14 J: Yo dejaré mi auto en el garaje, para que usted pueda
Ich lassen_werde mein Auto in der Garage, damit Sie können

aparcar en la entrada.
parken in der Einfahrt.

12|15 M: Muy bien. Entonces nos veremos el viernes a las siete
Sehr gut. Dann wir uns sehen_werden den Freitag um die sieben

de la tarde. Adiós, Juana.
von dem Abend. Auf_Wiedersehen, Juana.

12|16 J: Adiós, Miguel.
Auf_Wiedersehen, Miguel.

Spanische Fassung

Lección Duodécima: Instrucciones

12|01 M: Estoy mirando su dirección. ¿Es difícil de encontrar?
12|02 J: No, no es difícil. En realidad es muy fácil. Es en una de las principales calles de Barcelona. ¿Dónde recibe a sus clientes?
12|03 M: En el Hotel Emperador.
12|04 J: Es en el centro, y cerca de la estación. Supóngase que usted sale del hotel …
12|05 M: Sí.
12|06 J: Tuerza la primera calle a la derecha, y la siguiente a la izquierda. Ésa es la avenida de España.
12|07 M: De acuerdo.
12|08 J: Al llegar al tercer semáforo tuerza otra vez a la izquierda. Ésa es la calle donde vivo yo.
12|09 M: Oh, ¡es fácil!
12|10 J: Siga en esa dirección aproximadamente un kilómetro. Entonces verá usted un gran edificio, antes de entrar en la zona residencial. El número 345 está al lado de la estación de gasolina de la Shell.
12|11 M: ¿Al lado derecho o al lado izquierdo de la calle?
12|12 J: Al lado derecho. La entrada está directamente después de la salida de la estación de la Shell.
12|13 M: Bien. De acuerdo. Parece fácil.
12|14 J: Yo dejaré mi auto en el garaje, para que usted pueda aparcar en la entrada.
12|15 M: Muy bien. Entonces nos veremos el viernes a las siete de la tarde. Adiós, Juana.
12|16 J: Adiós, Miguel.

Lektion 13: Haben Sie viel Hunger?

13|01 M: Hallo, Juana.
13|02 J: Hallo, Miguel. Hereinspaziert.
13|03 M: Danke.
13|04 J: Genau sieben! Ich bin beeindruckt.
13|05 M: Ich bin gerne pünktlich.
13|06 J: Setzen Sie sich.
13|07 M: Danke. Schöne Wohnung.
13|08 J: Danke. Kann ich Ihnen etwas zu trinken anbieten?
13|09 M: Das hängt davon ab, welchen Appetit Sie haben und wie schnell wir losgehen.
13|10 J: Und Sie, wie fühlen Sie sich? Haben Sie viel Hunger?
13|11 M: Nun, ich hatte keine Zeit zum Mittagessen. Mein erster Besuch kam direkt nach dem Frühstück und dauerte etwas länger, als ich erwartete, sodass ich keine Zeit zum Essen hatte. In dem Moment, in dem ich mit unserer Zentrale in Deutschland telefoniert habe, kam der zweite Kunde.
13|12 J: In diesem Fall müssen Sie hungrig sein! Es ist besser, wenn wir losgehen. Wohin gehen wir?
13|13 M: Nun, neulich sagten Sie, dass Sie italienisches Essen und chinesisches Essen mögen. Wie wäre es, wenn wir heute ins chinesische Restaurant gehen?
13|14 J: Einverstanden. Ich mag diese knusprigen Kekse, die sie haben.
13|15 M: Wussten Sie, dass sie aus Fisch gemacht sind?
13|16 J: Wirklich? Nein, das wusste ich nicht …

Dekodierte Fassung

Lección Decimotercera: ¿Tiene usted mucha hambre?
Lektion Dreizehnte: ¿Haben Sie viel Hunger?

13|01 M: Hola, Juana.
Hallo, Juana.

13|02 J: Hola, Miguel. Adelante.
Hallo, Miguel. Hereinspaziert.

13|03 M: Gracias.
Danke.

13|04 J: ¡Las siete en punto! Estoy impresionada.
¡Die sieben genau! Ich bin beeindruckt.

13|05 M: A mí me gusta ser puntual.
Zu mir es mir gefällt sein pünktlich.

13|06 J: Siéntese.
Setzen_Sie_sich.

13|07 M: Gracias. Bonito piso.
Danke. Schöne Wohnung.

13|08 J: Gracias. ¿Puedo ofrecerle algo de beber?
Danke. ¿Kann ich anbieten_Ihnen etwas von trinken?

13|09 M: Eso depende del apetito que usted tenga, y de lo
Dies abhängt von_dem Appetit den Sie haben, und von dem

rápido que nos vayamos.
Schnellen dass wir uns gehen.

13|10 J: Y usted, ¿cómo se siente? ¿Tiene usted mucha hambre?
Und Sie, ¿wie Sie sich fühlen? ¿Haben Sie viel Hunger?

13|11 M: Bueno, no he tenido tiempo para almorzar. Mi primera
Nun, ich nicht habe gehabt Zeit für zu_Mittag_essen. Mein erster

visita llegó justamente después del desayuno, y duró
Besuch ankam direkt danach von_dem Frühstück, und dauerte

algo más de lo que yo esperaba, de manera que no tuve
etwas mehr von dem was ich erwartete, sodass ich nicht hatte

tiempo de comer. En el momento en que telefoneaba con
Zeit von essen. In dem Moment in dem ich telefonierte mit

nuestra central en Alemania llegó el segundo cliente.
unserer Zentrale in Deutschland ankam der zweite Kunde.

13|12 J: En ese caso, ¡usted tiene que estar hambriento! Es mejor que
In diesem Fall, ¡Sie haben zu sein hungrig! Es ist besser dass

nos vayamos. ¿Adónde vamos?
wir uns gehen. ¿Wohin wir gehen?

13|13 M: Bueno, usted dijo el otro día que le gusta la comida
Nun, Sie sagten neulich dass Ihnen schmeckt das Essen

italiana y la comida china. ¿Qué le parece si
italienische und das Essen chinesische. ¿Was Ihnen scheint falls wir

vamos hoy al restaurante chino?
gehen heute zu_dem Restaurant chinesischen?

13|14 J: De acuerdo. A mí me encantan las galletas crujientes que tienen.
Einverstanden. Zu mir mich erfreuen die Kekse knusprigen die sie haben.

13|15 M: ¿Sabía usted que están hechas con pescado?
¿Wussten Sie dass sie sind gemacht mit Fisch?

13|16 J: ¿De veras? No, no lo sabía …
¿Wirklich? Nein, ich nicht es wusste …

Spanische Fassung

Lección Decimotercera: ¿Tiene usted mucha hambre?

13|01 M: Hola, Juana.
13|02 J: Hola, Miguel. Adelante.
13|03 M: Gracias.
13|04 J: ¡Las siete en punto! Estoy impresionada.
13|05 M: A mí me gusta ser puntual.
13|06 J: Siéntese.
13|07 M: Gracias. Bonito piso.
13|08 J: Gracias. ¿Puedo ofrecerle algo de beber?
13|09 M: Eso depende del apetito que usted tenga, y de lo rápido que nos vayamos.
13|10 J: Y usted, ¿cómo se siente? ¿Tiene usted mucha hambre?
13|11 M: Bueno, no he tenido tiempo para almorzar. Mi primera visita llegó justamente después del desayuno, y duró algo más de lo que yo esperaba, de manera que no tuve tiempo de comer. En el momento en que telefoneaba con nuestra central en Alemania llegó el segundo cliente.
13|12 J: En ese caso, ¡usted tiene que estar hambriento! Es mejor que nos vayamos. ¿Adónde vamos?
13|13 M: Bueno, usted dijo el otro día que le gusta la comida italiana y la comida china. ¿Qué le parece si vamos hoy al restaurante chino?
13|14 J: De acuerdo. A mí me encantan las galletas crujientes que tienen.
13|15 M: ¿Sabía usted que están hechas con pescado?
13|16 J: ¿De veras? No, no lo sabía …

Lektion 14: Ein Glas Bier

14|01 J: Ich verstehe, was Sie meinen … Lassen Sie mich das Licht anmachen … Treten Sie ein, Miguel.

14|02 M: Kann ich Ihr Badezimmer benutzen?

14|03 J: Natürlich. Die Tür ist links von Ihnen.

14|04 M: Danke.

14|05 J: Hallo … Oh! Pepe … ja, deine Mutter hat es mir erzählt … Setzen Sie sich, Miguel … Nein. Ich habe einen Gast. Ein Freund von mir kam gerade herein … Ja … Gut. Wir sehen uns am Sonntag. Grüß deine Mama von mir, okay? … Gut … Auf Wiedersehen, Pepe … Das war mein Neffe … Übrigens, wollen Sie etwas trinken?

14|06 M: Nach dem chinesischen Jasmintee könnte ein Bier guttun. Haben Sie Bier zu Hause?

14|07 J: Ja, klar. Wollen Sie es sehr kalt?

14|08 M: Nein. Kalt, aber nicht eiskalt.

14|09 J: In diesem Fall hole ich eines aus der Speisekammer.

14|10 M: Warten Sie, lassen Sie mich Ihnen helfen … Aaah, das ist gut.

14|11 J: Bedienen Sie sich, Miguel.

14|12 M: Wenn man bedenkt, dass wir vor zwei Stunden zu Abend gegessen haben …

14|13 J: Nun, chinesisches Essen schmeckt gut, aber es bleibt immer mehr Appetit, als wenn man Kartoffeln, Spaghetti oder anderes Essen mit mehr Kohlehydraten gegessen hat.

14|14 M: Das ist wahr.

Dekodierte Fassung

Lección Decimocuarta: Un vaso de cerveza
Lektion Vierzehnte: Ein Glas von Bier

14|01 J: Entiendo lo que quiere decir … Déjeme encender
Ich verstehe das was Sie wollen sagen … Lassen_Sie_mich anmachen

la luz … Pase usted, Miguel.
das Licht … Eintreten Sie, Miguel.

14|02 M: ¿Puedo usar su cuarto de baño?
¿Kann ich benutzen Ihr Zimmer von Bad?

14|03 J: Claro que sí. La puerta está a su izquierda.
Natürlich. Die Tür ist zu Ihrer Linken.

14|04 M: Gracias.
Danke.

14|05 J: Hola … ¡Oh! Pepe … sí, tu madre me lo contó …
Hallo … ¡Oh! Pepe … ja, deine Mutter mir es erzählte …

Siéntese, Miguel … No. Tengo un invitado. Un amigo
Setzen_Sie_sich, Miguel … Nein. Ich habe einen Gast. Ein Freund

mío que acaba de entrar … Sí … Bien. Nos vemos el
mein der beendet von eintreten … Ja … Gut. Wir uns sehen den

domingo. Saluda a tu mamá de mi parte, ¿de acuerdo? … Bien …
Sonntag. Grüß zu deiner Mama von_mir, ¿okay? … Gut …

Adiós, Pepe … Era mi sobrino … A propósito:
Auf_Wiedersehen, Pepe … Das war mein Neffe … Übrigens:

¿Quiere usted beber algo?
¿Wollen Sie trinken etwas?

14|06 M: Después del té de jazmín chino, una cerveza podría
Danach von_dem Tee von Jasmin chinesischem, ein Bier könnte

sentar bien. ¿Tiene cerveza en casa?
bekommen gut. ¿Haben Sie Bier zu_Hause?

14|07 J: Sí, claro. ¿La quiere muy fría?
Ja, klar. ¿Es wollen Sie sehr kalt?

14|08 M: No. Fría, pero no helada.
Nein. Kalt, aber nicht eiskalt.

14|09 J: En ese caso traeré una de la despensa.
In diesem Fall ich holen_werde eines von der Speisekammer.

14|10 M: Espere, déjeme ayudarle … Aaah, está bien.
Warten Sie, lassen_Sie_mich helfen_Ihnen … Aaah, das ist gut.

14|11 J: Sírvase usted, Miguel.
Bedienen_sich Sie, Miguel.

14|12 M: Considerando que hemos cenado hace dos horas …
Bedenkend dass wir haben zu_Abend_gegessen vor zwei Stunden …

14|13 J: Bueno, la comida china sabe bien, pero siempre le
Nun, das Essen chinesische schmeckt gut, aber immer es ihm

queda a uno más apetito que después de comer patatas,
bleibt zu einem mehr Appetit als danach von essen Kartoffeln,

espagueti u otra comida con más hidratos de carbono.
Spaghetti oder anderes Essen mit mehr Hydraten von Kohle.

14|14 M: Es cierto.
Das ist wahr.

Lección Decimocuarta: Un vaso de cerveza

14|01 J: Entiendo lo que quiere decir … Déjeme encender la luz … Pase usted, Miguel.

14|02 M: ¿Puedo usar su cuarto de baño?

14|03 J: Claro que sí. La puerta está a su izquierda.

14|04 M: Gracias.

14|05 J: Hola … ¡Oh! Pepe … sí, tu madre me lo contó … Siéntese, Miguel … No. Tengo un invitado. Un amigo mío que acaba de entrar … Sí … Bien. Nos vemos el domingo. Saluda a tu mamá de mi parte, ¿de acuerdo? … Bien … Adiós, Pepe … Era mi sobrino … A propósito: ¿Quiere usted beber algo?

14|06 M: Después del té de jazmín chino, una cerveza podría sentar bien. ¿Tiene cerveza en casa?

14|07 J: Sí, claro. ¿La quiere muy fría?

14|08 M: No. Fría, pero no helada.

14|09 J: En ese caso traeré una de la despensa.

14|10 M: Espere, déjeme ayudarle … Aaah, está bien.

14|11 J: Sírvase usted, Miguel.

14|12 M: Considerando que hemos cenado hace dos horas …

14|13 J: Bueno, la comida china sabe bien, pero siempre le queda a uno más apetito que después de comer patatas, espagueti u otra comida con más hidratos de carbono.

14|14 M: Es cierto.

Lektion 15: Multiplikation (Anfang)

15|01 M: Ihr Neffe, der gerade am Telefon war … wie alt ist er?

15|02 J: Pepe? Er ist acht Jahre alt.

15|03 M: Geht er gern zur Schule?

15|04 J: Nein. Besonders Mathe mag er nicht! Sie beginnen gerade mit Multiplikationsoperationen, und er hasst sie.

15|05 M: Wussten Sie, dass man das Ergebnis der Multiplikation mit neun unter Nutzung der zehn Finger der Hände erhalten kann?

15|06 J: Ich weiß, dass man mit den Fingern bis zehn zählen kann, aber das Ergebnis der Multiplikation mit neun geht bis neunzig. Wie kann man mit nur zehn Fingern zu dieser Zahl kommen?

15|07 M: Das ist leicht. Gestatten Sie, dass ich es Ihnen zeige. Legen Sie Ihre Hände auf den Tisch, mit den Handflächen nach unten … so wie ich.

15|08 J: Verstanden.

15|09 M: Nehmen Sie jetzt an, dass Sie das Ergebnis von drei mal neun wissen wollen. Fangen Sie am kleinen Finger Ihrer linken Hand zu zählen an, und machen Sie mit dem Ringfinger und dem Mittelfinger weiter: eins, zwei, drei …

15|10 J: Eins, zwei, drei … Und jetzt?

15|11 M: Jetzt biegen Sie den dritten Finger unter die Handfläche der Hand …

15|12 J: Das ist ein wenig schwierig … Aerobic für die Finger!

15|13 M: Es ist klar, dass Ihre Finger dafür nicht gemacht sind.

15|14 J: Das ist wahr. Gut, der Mittelfinger ist nach unten umgebogen …

15|15 M: Zählen Sie jetzt die ausgestreckten Finger. Wie viele sind links vom umgebogenen?

15|16 J: Der kleine Finger und der Ringfinger: zwei Finger!

15|17 M: Genau. Und wie viele rechts vom umgebogenen?

15|18 J: Mein linker Zeigefinger und mein linker Daumen …

15|19 M: Zählen Sie mit den Fingern der anderen Hand weiter!

15|20 J: Mein rechter Daumen, mein rechter Zeigefinger, mein Mittelfinger, mein Ringfinger und mein kleiner Finger.

15|21 M: Gut, wie viele Finger sind das?

15|22 J: Sieben!

15|23 M: Verstanden?

15|24 J: Nein … Ja! Fantastisch! Zwei Finger vor dem, den ich umgebogen habe, und sieben auf der anderen Seite: zwei und sieben, siebenundzwanzig, das heißt genau das Ergebnis von drei mal neun.

Dekodierte Fassung

Lección Decimoquinta: Multiplicación (Inicio)
Lektion Fünfzehnte: Multiplikation (Anfang)

15|01 M: El sobrino suyo que acaba de llamar por teléfono … ¿qué
Der Neffe Ihr der beendet von anrufen per Telefon … ¿was für

edad tiene?
ein Alter er hat?

15|02 J: ¿Pepe? Tiene ocho años.
¿Pepe? Er hat acht Jahre.

15|03 M: ¿Le gusta ir a la escuela?
¿Ihm gefällt gehen zu der Schule?

15|04 J: No. ¡Especialmente no le gustan las matemáticas! Están
Nein. ¡Besonders nicht ihm gefällt die Mathematik! Sie sind

empezando las operaciones de la multiplicación, y él las odia.
beginnend die Operationen von der Multiplikation, und er sie hasst.

15|05 M: ¿Sabía usted que se puede obtener el resultado de la
¿Wussten Sie dass sich kann erhalten das Ergebnis von der

multiplicación por nueve utilizando los diez dedos de las manos?
Multiplikation mit neun benutzend die zehn Finger von den Händen?

15|06 J: Sé que se puede contar hasta diez con los dedos, pero el
Ich weiß dass sich kann zählen bis zehn mit den Fingern, aber das

resultado de la multiplicación por nueve llega a noventa.
Ergebnis von der Multiplikation mit neun ankommt bei neunzig.

¿Cómo se puede llegar a esa cantidad con sólo diez dedos?
¿Wie sich kann ankommen zu dieser Zahl mit nur zehn Fingern?

15|07 M: Fácilmente. Permita que se lo enseñe. Ponga sus
Leicht. Gestatten Sie dass ich Ihnen es zeige. Legen Sie Ihre

manos sobre la mesa, con las palmas hacia abajo … así como yo.
Hände auf den Tisch, mit den Handflächen nach unten … so wie ich.

15|08 J: De acuerdo.
Verstanden.

15|09 M: Ahora, suponga que quiere saber el resultado: tres por
Jetzt, annehmen Sie dass Sie wollen wissen das Ergebnis: drei mal

nueve. Comience a contar desde el dedo meñique de su
neun. Anfangen Sie zu zählen ab dem kleinen_Finger von Ihrer

mano izquierda, y siga con el anular, y el
Hand linken, und weitermachen Sie mit dem Ringfinger, und dem

dedo medio: uno, dos, tres …
Mittelfinger: eins, zwei, drei …

15|10 J: Uno, dos, tres … ¿Y ahora?
Eins, zwei, drei … ¿Und jetzt?

15|11 M: Ahora doble el tercer dedo bajo la palma de la
Jetzt umbiegen Sie den dritten Finger unter die Handfläche von der

mano …
Hand …

15|12 J: Es un poco difícil … ¡Aerobic para los dedos!
Das ist ein wenig schwierig … ¡Aerobic für die Finger!

15|13 M: Claro está que sus dedos no son para ser usados así.
Klar ist dass Ihre Finger nicht sind für sein benutzt so.

15|14 J: Es cierto. Bueno, el dedo medio está doblado hacia abajo …
Das ist wahr. Gut, der Mittelfinger ist umgebogen nach unten …

15|15 M: Ahora cuente los dedos extendidos. ¿Cuántos hay a
Jetzt zählen Sie die Finger ausgestreckten. ¿Wie_viele es hat_da zu

la izquierda del doblado?
der Linken von_dem umgebogenen?

15|16 J: El pequeño, o meñique, y el anular: ¡Dos dedos!
Der Kleine, oder kleine_Finger, und der Ringfinger: ¡Zwei Finger!

15|17 M: Exactamente. ¿Y cuántos a la derecha del doblado?
Genau. ¿Und wie_viele zu der Rechten von_dem umgebogenen?

15|18 J: Mi índice izquierdo, y mi pulgar izquierdo …
Mein Zeigefinger linker, und mein Daumen linker …

15|19 M: Continúe la cuenta con los dedos de la otra mano.
Weitermachen Sie das Zählen mit den Fingern von der anderen Hand.

15|20 J: Mi pulgar derecho, mi índice derecho, mi dedo medio, mi
Mein Daumen rechter, mein Zeigefinger rechter, mein Mittelfinger, mein

anular y mi meñique.
Ringfinger und mein kleiner_Finger.

15|21 M: Bien, ¿cuántos dedos hay?
Gut, ¿wie_viele Finger es hat_da?

15|22 J: ¡Siete!
¡Sieben!

15|23 M: ¿Entendido?
¿Verstanden?

15|24 J: No … ¡Sí! Fantástico. Dos dedos antes del que doblé,
Nein … ¡Ja! Fantastisch. Zwei Finger davor von_dem den ich umbog,

y siete del otro lado: dos y siete, veintisiete.
und sieben von_der anderen Seite: zwei und sieben, zwanzig_sieben.

O sea, el resultado exacto de tres por nueve.
Das_heißt, das Ergebnis genaue von drei mal neun.

Spanische Fassung

Lección Decimoquinta: Multiplicación (Inicio)

15|01 M: El sobrino suyo que acaba de llamar por teléfono … ¿qué edad tiene?

15|02 J: ¿Pepe? Tiene ocho años.

15|03 M: ¿Le gusta ir a la escuela?

15|04 J: No. ¡Especialmente no le gustan las matemáticas! Están empezando las operaciones de la multiplicación, y él las odia.

15|05 M: ¿Sabía usted que se puede obtener el resultado de la multiplicación por nueve utilizando los diez dedos de las manos?

15|06 J: Sé que se puede contar hasta diez con los dedos, pero el resultado de la multiplicación por nueve llega a noventa. ¿Cómo se puede llegar a esa cantidad con sólo diez dedos?

15|07 M: Fácilmente. Permita que se lo enseñe. Ponga sus manos sobre la mesa, con las palmas hacia abajo … así como yo.

15|08 J: De acuerdo.

15|09 M: Ahora, suponga que quiere saber el resultado: tres por nueve. Comience a contar desde el dedo meñique de su mano izquierda, y siga con el anular, y el dedo medio: uno, dos, tres …

15|10 J: Uno, dos, tres … ¿Y ahora?

15|11 M: Ahora doble el tercer dedo bajo la palma de la mano …

15|12 J: Es un poco difícil … ¡Aerobic para los dedos!

15|13 M: Claro está que sus dedos no son para ser usados así.

15|14 J: Es cierto. Bueno, el dedo medio está doblado hacia abajo …

15|15 M: Ahora cuente los dedos extendidos. ¿Cuántos hay a la izquierda del doblado?

15|16 J: El pequeño, o meñique, y el anular: ¡Dos dedos!

15|17 M: Exactamente. ¿Y cuántos a la derecha del doblado?

15|18 J: Mi índice izquierdo, y mi pulgar izquierdo …

15|19 M: Continúe la cuenta con los dedos de la otra mano.

15|20 J: Mi pulgar derecho, mi índice derecho, mi dedo medio, mi anular y mi meñique.

15|21 M: Bien, ¿cuántos dedos hay?

15|22 J: ¡Siete!

15|23 M: ¿Entendido?

15|24 J: No … ¡Sí! Fantástico. Dos dedos antes del que doblé, y siete del otro lado: dos y siete, veintisiete. O sea, el resultado exacto de tres por nueve.

Lektion 16: Multiplikation (Ende)

16|01 J: Machen wir noch eine!

16|02 M: Versuchen Sie sechs mal neun!

16|03 J: Gut, ich fange wie immer mit meinem linken kleinen Finger an. Eins, zwei, drei, vier, fünf, sechs. Der letzte wird umgebogen. Jetzt zählen wir wieder. Ich sehe fünf Finger vor meinem umgebogenen rechten Daumen, und ich sehe vier Finger rechts von ihm.

16|04 M: Das Ergebnis ist dann fünf und vier: vierundfünfzig! Das heißt: sechs mal neun ist vierundfünfzig!

16|05 J: Das ist großartig! Machen wir noch eine Multiplikation. Probieren wir neun mal neun.

16|06 M: Gehen wir wieder von Ihrem linken kleinen Finger aus … Eins, zwei, drei, vier, fünf, sechs, sieben, acht und neun …

16|07 J: Neun ist mein rechter Ringfinger. Ich biege ihn um …

16|08 M: Sehen wir: acht Finger vor und einer rechts von dem umgebogenen Ringfinger. Daher ist das Ergebnis von neun mal neun …

16|09 J: … einundachtzig. Oh, Pepe wird das gefallen! Ich werde es ihm am Sonntag zeigen.

16|10 M: Alle Kleinen mögen dieses Spiel. Und sobald Sie es ihm gezeigt haben, wird er es jedem zeigen, der will. Auf diese Art übt er ständig die Multiplikation mit dem Faktor neun …

16|11 J: … und hat Spaß dabei. Denn es ist nicht das Gleiche wie in der Schule. Es ist ein Spiel!

16|12 M: Schade, dass Schulen solche Spiele nicht einsetzen. Dann werden dank Ihrem Neffen seine Kumpels nie dahin kommen, Mathematik zu hassen …

16|13 J: … oder irgendein anderes Thema aus diesem Bereich. Ich hasste Grammatik. Kennen Sie ein gutes Grammatikspiel?

16|14 M: Ja, ich kenne auch eines.

Dekodierte Fassung

Lección Decimosexta: Multiplicación (Fin)
Lektion Sechzehnte: Multiplikation (Ende)

16|01 J: ¡Hagamos otra más!
¡Machen wir weitere mehr!

16|02 M: ¡Intente usted seis por nueve!
¡Versuchen Sie sechs mal neun!

16|03 J: Bien, yo comienzo como siempre, con mi meñique izquierdo.
Gut, ich anfange wie immer, mit meinem kleinen_Finger linken.

Uno, dos, tres, cuatro, cinco, seis. Este último se dobla. Ahora,
Eins, zwei, drei, vier, fünf, sechs. Dieser letzte sich umbiegt. Jetzt,

volvemos a contar. Yo veo cinco dedos antes de mi
wir zurückkehren zu zählen. Ich sehe fünf Finger davor von meinem

pulgar derecho doblado, y veo cuatro dedos a la
Daumen rechten umgebogenen, und ich sehe vier Finger zu der

derecha de él.
Rechten von ihm.

16|04 M: El resultado es pues, cinco y cuatro: cincuenta y cuatro.
Das Ergebnis ist dann, fünf und vier: fünfzig und vier.

O sea, seis por nueve: cincuenta y cuatro.
Das_heißt, sechs mal neun: fünfzig und vier.

16|05 J: ¡Éso es fabuloso! Hagamos otra multiplicación más. Probemos
¡Dies ist großartig! Machen wir weitere Multiplikation mehr. Probieren

nueve por nueve.
wir neun mal neun.

16|06 M: Partamos otra vez de su dedo meñique izquierdo … Uno, dos,
Ausgehen wir wieder von Ihrem kleinen_Finger linken … Eins, zwei,

tres, cuatro, cinco, seis, siete, ocho y nueve …
drei, vier, fünf, sechs, sieben, acht und neun …

16|07 J: Nueve es mi dedo anular derecho. Lo doblo …
Neun ist mein Ringfinger rechter. Ich ihn umbiege …

16|08 M: Veamos: ocho dedos antes, y uno a la derecha del
Sehen wir: acht Finger davor, und einer zu der Rechten von_dem

anular doblado. Así que el resultado de nueve por nueve es …
Ringfinger umgebogenen. Daher das Ergebnis von neun mal neun ist …

16|09 J: … ochenta y uno. ¡Oh, a Pepe le va a gustar esto!
… achtzig und eins. ¡Oh, zu Pepe ihm geht zu gefallen dies! Ich

Se lo voy a enseñar el domingo.
ihm es gehe zu zeigen den Sonntag.

16|10 M: A todos los pequeños les encanta ese juego. Y en cuanto se
Zu all den Kleinen sie erfreut dieses Spiel. Und sobald Sie ihm

lo enseñe, él se lo enseñará a todo el que lo desee. De
es zeigen, er ihm es zeigen_wird zu all dem der es wünscht. Von

esa manera practicará constantemente la multiplicación por el
dieser Art er üben_wird ständig die Multiplikation mit dem

factor nueve …
Faktor neun …

16|11 J: … y lo pasará divertido. Pues no es igual
… und es verbringen_wird vergnüglich. Denn es nicht ist das Gleiche

que en la escuela. ¡Es un juego!
wie in der Schule. ¡Es ist ein Spiel!

16|12 M: ¡Lástima que las escuelas no empleen tales juegos! Pues gracias
¡Schade dass die Schulen nicht einsetzen solche Spiele! Dann dank

a su sobrino, sus compañeros nunca llegarán a
zu Ihrem Neffen, seine Kumpels niemals ankommen_werden zu

odiar las matemáticas …
hassen die Mathematik …

16|13 J: … o cualquier otro tema de esa materia. Yo odiaba la
… oder irgendein anderes Thema von diesem Bereich. Ich hasste die

gramática. ¿Conoce usted un buen juego de gramática?
Grammatik. ¿Kennen Sie ein gutes Spiel von Grammatik?

16|14 M: Sí, también conozco uno.
Ja, auch ich kenne eines.

Spanische Fassung

Lección Decimosexta: Multiplicación (Fin)

16|01 J: ¡Hagamos otra más!

16|02 M: ¡Intente usted seis por nueve!

16|03 J: Bien, yo comienzo como siempre, con mi meñique izquierdo. Uno, dos, tres, cuatro, cinco, seis. Este último se dobla. Ahora, volvemos a contar. Yo veo cinco dedos antes de mi pulgar derecho doblado, y veo cuatro dedos a la derecha de él.

16|04 M: El resultado es pues, cinco y cuatro: cincuenta y cuatro. O sea, seis por nueve: cincuenta y cuatro.

16|05 J: ¡Éso es fabuloso! Hagamos otra multiplicación más. Probemos nueve por nueve.

16|06 M: Partamos otra vez de su dedo meñique izquierdo … Uno, dos, tres, cuatro, cinco, seis, siete, ocho y nueve …

16|07 J: Nueve es mi dedo anular derecho. Lo doblo …

16|08 M: Veamos: ocho dedos antes, y uno a la derecha del anular doblado. Así que el resultado de nueve por nueve es …

16|09 J: … ochenta y uno. ¡Oh, a Pepe le va a gustar esto! Se lo voy a enseñar el domingo.

16|10 M: A todos los pequeños les encanta ese juego. Y en cuanto se lo enseñe, él se lo enseñará a todo el que lo desee. De esa manera practicará constantemente la multiplicación por el factor nueve …

16|11 J: … y lo pasará divertido. Pues no es igual que en la escuela. ¡Es un juego!

16|12 M: ¡Lástima que las escuelas no empleen tales juegos! Pues gracias a su sobrino, sus compañeros nunca llegarán a odiar las matemáticas …

16|13 J: … o cualquier otro tema de esa materia. Yo odiaba la gramática. ¿Conoce usted un buen juego de gramática?

16|14 M: Sí, también conozco uno.

Lektion 17: Ein Grammatikspiel

17|01 M: Nehmen wir an, Sie müssten verschiedene Wortarten lernen, wie Substantive, Verben, Adverbien …

17|02 J: Ja! Das erinnert mich an die Schule! Ich hasste Grammatik!

17|03 M: Gut, meine Mutter spielte ein Spiel mit mir, als ich klein war. Es ist ein Spiel zum Lernen grammatikalischer Funktionen ohne formales Grammatiklernen. Nehmen wir als Beispiel die Nomen.

17|04 J: Ich kann mir nicht vorstellen, dass das Lernen von Nomen Spaß macht.

17|05 M: Warten Sie, und Sie werden sehen. Wir werden Sätze bilden, mit denen wir eine kleine Geschichte erzählen. Ich sage die anderen Worte, und Sie ergänzen die Nomen … Lassen Sie mich nachdenken … Gut, bereit?

17|06 J: Ja, fangen Sie an.

17|07 M: Gestern Morgen ging ein, mmmh … Sie sind dran, Juana!

17|08 J: Oh, entschuldigen Sie, mmmh … Gestern Morgen ging ein Mann …

17|09 M: … in eine …

17|10 J: … Buchhandlung …

17|11 M: … weil er einige …

17|12 J: … Bücher …

17|13 M: … kaufen wollte und einige …

17|14 J: … Ansichtskarten …

17|15 M: … Plötzlich sah er eine kleine …

17|16 J: … Katze vorbeilaufen …

17|17 M: … die sich versteckt hatte zwischen den …

17|18 J: … Regalen …

17|19 M: … der …

17|20 J: … Buchhandlung. Ja, ich verstehe. Auf diese Art entwickeln Kinder mit einem kreativen Spiel einen Sinn für verschiedene grammatikalische Konzepte.

17|21 M: Ich hatte in der Schule nie Probleme mit Grammatik, und ich bin sicher, dass mir dieses Spiel dabei geholfen hat. Ich habe es mit Freude gespielt. Meine Freunde auch. Wir spielten es stundenlang und erfanden Geschichten, die auch eine gute Übung für spätere Aufsatzthemen in der Schule waren.

Dekodierte Fassung

Lección Decimoséptima: Un juego de gramática
Lektion Siebzehnte: Ein Spiel von Grammatik

17|01 M: Supongamos que usted tuviera que aprender diferentes
Annehmen wir dass Sie hätten zu lernen verschiedene

clases de palabras, tales como nombres sustantivos, verbos, adverbios …
Wortarten, solche wie Substantive, Verben, Adverbien …

17|02 J: ¡Sí! ¡Esto me hace recordar la escuela! ¡Yo odiaba la gramática!
¡Ja! ¡Dies mich macht erinnern an die Schule! ¡Ich hasste die Grammatik!

17|03 M: Bueno, mi madre hacía un juego conmigo, cuando yo era
Gut, meine Mutter machte ein Spiel mit_mir, als ich war

pequeño. Es un juego para aprender las funciones
klein. Es ist ein Spiel für lernen die Funktionen

gramaticales sin un estudio formal de la gramática.
grammatikalischen ohne ein Lernen formales von der Grammatik.

Tomemos como ejemplo los nombres.
Nehmen wir als Beispiel die Nomen.

17|04 J: No puedo imaginarme que aprender nombres sea algo divertido.
Ich nicht kann vorstellen_mir dass lernen Nomen sei etwas Vergnügliches.

17|05 M: Espere y verá. Haremos frases mediante
Warten Sie und Sie sehen_werden. Wir machen_werden Sätze mittels

las cuales contaremos una pequeña historia. Yo
der welcher wir erzählen_werden eine kleine Geschichte. Ich

diré las otras palabras, y usted completará los
sagen_werde die anderen Worte, und Sie ergänzen_werden die

nombres … Déjeme pensar … Bien, ¿preparada?
Nomen … Lassen_Sie_mich nachdenken … Gut, ¿bereit?

17|06 J: Sí, comience.
Ja, anfangen Sie.

17|07 M: Ayer por la mañana, mmmh … ¡le toca a usted, Juana!
Gestern durch den Morgen, mmmh … ¡es Ihnen zufällt zu Ihnen, Juana!

17|08 J: Oh, disculpe, mmmh … ayer por la mañana un hombre …
Oh, entschuldigen Sie, mmmh … gestern durch den Morgen ein Mann …

17|09 M: … fue a la …
… ging in die …

17|10 J: … librería …
… Buchhandlung …

17|11 M: … porque quería comprar algunos …
… weil er wollte kaufen einige …

17|12 J: … libros …
… Bücher …

17|13 M: … y algunas …
… und einige …

17|14 J: … tarjetas postales …
… Ansichtskarten …

17|15 M: … De repente vió pasar un pequeño …
… Plötzlich er sah vorbeilaufen eine kleine …

17|16 J: … gato …
… Katze …

17|17 M: … que estaba escondido entre los …
… die war versteckt zwischen den …

17|18 J: … estantes …
… Regalen …

17|19 M: … de la …
… von der …

17|20 J: … librería. Sí, entiendo. De esta manera, los niños
… Buchhandlung. Ja, ich verstehe. Von dieser Art, die Kinder

desarrollan un sentido para los diferentes conceptos
entwickeln einen Sinn für die verschiedenen Konzepte

gramaticales mediante un juego creativo.
grammatikalischen mittels eines Spieles kreativen.

17|21 M: Yo nunca tuvc problemas en la escuela con la gramática y
Ich niemals hatte Probleme in der Schule mit der Grammatik und

estoy seguro que ese juego me ayudó. Lo jugué con
ich bin sicher dass dieses Spiel mir half. Ich es spielte mit

gusto. Mis amigos también. Jugábamos durante horas e
Freude. Meine Freunde auch. Wir spielten stundenlang und

inventábamos historias, que fueron también un buen ejercicio para
erfanden Geschichten, die waren auch eine gute Übung für

posteriores temas de composición en la escuela.
spätere Themen von Aufsatz in der Schule.

Spanische Fassung

Lección Decimoséptima: Un juego de gramática

17|01 M: Supongamos que usted tuviera que aprender diferentes clases de palabras, tales como nombres sustantivos, verbos, adverbios …

17|02 J: ¡Sí! ¡Esto me hace recordar la escuela! ¡Yo odiaba la gramática!

17|03 M: Bueno, mi madre hacía un juego conmigo, cuando yo era pequeño. Es un juego para aprender las funciones gramaticales sin un estudio formal de la gramática. Tomemos como ejemplo los nombres.

17|04 J: No puedo imaginarme que aprender nombres sea algo divertido.

17|05 M: Espere y verá. Haremos frases mediante las cuales contaremos una pequeña historia. Yo diré las otras palabras, y usted completará los nombres … Déjeme pensar … Bien, ¿preparada?

17|06 J: Sí, comience.

17|07 M: Ayer por la mañana, mmmh … ¡le toca a usted, Juana!

17|08 J: Oh, disculpe, mmmh … ayer por la mañana un hombre …

17|09 M: … fue a la …

17|10 J: … librería …

17|11 M: … porque quería comprar algunos …

17|12 J: … libros …

17|13 M: … y algunas …

17|14 J: … tarjetas postales …

17|15 M: … De repente vió pasar un pequeño …

17|16 J: … gato …

17|17 M: … que estaba escondido entre los …

17|18 J: … estantes …

17|19 M: … de la …

17|20 J: … librería. Sí, entiendo. De esta manera, los niños desarrollan un sentido para los diferentes conceptos gramaticales mediante un juego creativo.

17|21 M: Yo nunca tuve problemas en la escuela con la gramática y estoy seguro que ese juego me ayudó. Lo jugué con gusto. Mis amigos también. Jugábamos durante horas e inventábamos historias, que fueron también un buen ejercicio para posteriores temas de composición en la escuela.

Lektion 18: Sich besser kennenlernen (Anfang)

18|01 J: Ich werde dieses Spiel mit Pepe am Sonntag spielen, und dann werde ich ihm zeigen, wie man unter Einsatz der Finger mit dem Faktor neun multiplizieren kann.

18|02 M: Ich wäre gerne dabei, um zu beobachten, wie er reagiert.

18|03 J: Warum kommen Sie nicht? Werden Sie nächsten Sonntag hier sein?

18|04 M: Vielleicht. Ich erwarte ein Fax von einem meiner Kunden. Eigentlich sollte es schon im Hotel eingegangen sein. Wenn er mich hier am Montag besuchen will, dann bleibe ich.

18|05 J: Ich würde mich freuen. Wann werden Sie es wissen?

18|06 M: Sobald ich ins Hotel zurückkehre. Oder ich könnte auch jetzt anrufen. Kann ich Ihr Telefon benutzen?

18|07 J: Natürlich. Bitte.

18|08 M: Ja, ich bin Herr Arenas, Zimmer 225. Ich erwarte ein Fax. Könnten Sie nachsehen … ob es angekommen ist? Großartig. Könnten Sie es mir bitte vorlesen? … ah … mmmh … gut. Vielen Dank. Auf Wiedersehen.

18|09 J: Wird Ihr Kunde am Montag nach Barcelona kommen?

18|10 M: Ja. Das bedeutet, wir können uns an diesem Wochenende ausreichend sehen, wenn Sie wollen …

18|11 J: Das würde mir gefallen. Ich verbringe gerne Zeit mit Ihnen.

18|12 M: Ich auch mit Ihnen.

18|13 J: Oh. Verbringen Sie auch gern Zeit allein?

18|14 M: Nun, Sie wissen, was ich meine.

18|15 J: Sagen Sie es mir.

18|16 M: Nun gut, ich finde Sie sehr nett, ich bin gern in Ihrer Gesellschaft, und ich glaube, wir haben viel gemeinsam.

18|17 J: Ich finde Sie auch nett, Miguel. Sie sind ein interessanter Mann.

Dekodierte Fassung

Lección Decimoctava: Conocerse mejor (Inicio)
Lektion Achtzehnte: Kennenlernen_sich besser (Anfang)

18|01 J: Yo haré ese juego con Pepe el domingo, y entonces
Ich machen_werde dieses Spiel mit Pepe den Sonntag, und dann

le enseñaré cómo se puede multiplicar con el factor
ich ihm zeigen_werde wie sich kann multiplizieren mit dem Faktor

nueve mediante el empleo de los dedos.
neun mittels des Einsatzes von den Fingern.

18|02 M: Me gustaría estar presente, para observar cómo reacciona.
Es mir gefallen_würde sein anwesend, für beobachten wie er reagiert.

18|03 J: ¿Por qué no viene usted? ¿Estará usted aquí el próximo domingo?
¿Warum nicht kommen Sie? ¿Sein_werden Sie hier den nächsten Sonntag?

18|04 M: Tal vez. Estoy esperando un fax de uno de mis
Vielleicht. Ich bin erwartend ein Fax von einem von meinen

clientes. En realidad, debería haberme ido ya al hotel.
Kunden. Eigentlich, es sollte haben_mir gegangen schon zu_dem Hotel.

Si él desea visitarme aquí el lunes, entonces me quedo.
Falls er wünscht besuchen_mich hier den Montag, dann ich mich bleibe.

18|05 J: ¡Me alegraría! ¿Cuándo lo sabrá usted?
¡Ich mich freuen_würde! ¿Wann es wissen_werden Sie?

18|06 M: Tan pronto como regrese al hotel. O podría
Sobald wie ich zurückkehre zu_dem Hotel. Oder ich könnte

también llamar por teléfono ahora. ¿Puedo usar su teléfono?
auch anrufen per Telefon jetzt. ¿Kann ich benutzen Ihr Telefon?

18|07 J: Claro que sí. Por favor.
Natürlich. Bitte.

18|08 M: Sí, soy el señor Arenas, habitación 225. Estoy esperando un
Ja, ich bin der Herr Arenas, Zimmer 225. Ich bin erwartend ein

fax. ¿Podría comprobar … si ha llegado? Magnífico.
Fax. ¿Könnten Sie nachsehen … ob es hat angekommen? Großartig.

¿Podría leérmelo, por favor? … ah … mmmh … bien.
¿Könnten Sie vorlesen_mir_es, bitte? … ah … mmmh … gut.

Muchas gracias. Adiós.
Vielen Dank. Auf_Wiedersehen.

18|09 J: ¿Va a venir su cliente el lunes a Barcelona?
¿Geht zu kommen Ihr Kunde den Montag nach Barcelona?

18|10 M: Sí. Lo que significa que podremos vernos bastante
Ja. Das was bedeutet dass wir können_werden sehen_uns ausreichend

este fin de semana, si usted quiere …
dieses Wochenende, falls Sie wollen …

18|11 J: Me gustaría. Me encanta pasar el tiempo con usted.
Es mir gefallen_würde. Mich erfreut verbringen die Zeit mit Ihnen.

18|12 M: A mí también con usted.
Zu mir auch mit Ihnen.

18|13 J: Oh. ¿A usted también le gusta pasar el tiempo solo?
Oh. ¿Zu Ihnen auch Ihnen gefällt verbringen die Zeit allein?

18|14 M: Bueno, usted sabe lo que quiero decir.
Nun, Sie wissen das was ich will sagen.

18|15 J: Dígamelo.
Sagen_Sie_mir_es.

18|16 M: Pues bien, que le encuentro a usted muy agradable, que me
Nun_gut, dass ich Sie finde zu Ihnen sehr nett, dass mich

encanta su compañía, y que creo que tenemos mucho
erfreut Ihre Gesellschaft, und dass ich glaube dass wir haben viel

en común.
gemeinsam.

18|17 J: Yo también le encuentro agradable, Miguel. Usted es un hombre interesante.
Ich auch Sie finde nett, Miguel. Sie sind ein Mann interessanter.

Spanische Fassung

Lección Decimoctava: Conocerse mejor (Inicio)

18|01 J: Yo haré ese juego con Pepe el domingo, y entonces le enseñaré cómo se puede multiplicar con el factor nueve mediante el empleo de los dedos.
18|02 M: Me gustaría estar presente, para observar cómo reacciona.
18|03 J: ¿Por qué no viene usted? ¿Estará usted aquí el próximo domingo?
18|04 M: Tal vez. Estoy esperando un fax de uno de mis clientes. En realidad, debería haberme ido ya al hotel. Si él desea visitarme aquí el lunes, entonces me quedo.
18|05 J: ¡Me alegraría! ¿Cuándo lo sabrá usted?
18|06 M: Tan pronto como regrese al hotel. O podría también llamar por teléfono ahora. ¿Puedo usar su teléfono?
18|07 J: Claro que sí. Por favor.
18|08 M: Sí, soy el señor Arenas, habitación 225. Estoy esperando un fax. ¿Podría comprobar … si ha llegado? Magnífico. ¿Podría leérmelo, por favor? … ah … mmmh … bien. Muchas gracias. Adiós.
18|09 J: ¿Va a venir su cliente el lunes a Barcelona?
18|10 M: Sí. Lo que significa que podremos vernos bastante este fin de semana, si usted quiere …
18|11 J: Me gustaría. Me encanta pasar el tiempo con usted.
18|12 M: A mí también con usted.
18|13 J: Oh. ¿A usted también le gusta pasar el tiempo solo?
18|14 M: Bueno, usted sabe lo que quiero decir.
18|15 J: Dígamelo.
18|16 M: Pues bien, que le encuentro a usted muy agradable, que me encanta su compañía, y que creo que tenemos mucho en común.
18|17 J: Yo también le encuentro agradable, Miguel. Usted es un hombre interesante.

Lektion 19: Sich besser kennenlernen (Ende)

19|01 M: Wissen Sie, es ist seltsam, aber ich mochte Sie sofort.

19|02 J: Was ist daran seltsam?

19|03 M: Entschuldigen Sie. Ich meinte es nicht so. Ich meinte, es ist seltsam, dass man eine Person in der Regel von Anfang an oder nie mag. Ich kenne bisher nur wenige Ausnahmen.

19|04 J: Das ist wahr. Weil wenn wir jemanden mögen, wollen wir ihn wiedersehen, um ihn besser kennenzulernen. Wenn wir aber jemanden nicht besonders mögen, bemühen wir uns nicht darum, ihn gründlicher kennenzulernen.

19|05 M: Ja, der erste Eindruck kann sehr stark sein, Juana. Und mein erster Eindruck von Ihnen war von Anfang an sehr positiv.

19|06 J: Was war das Erste, das Ihnen an meiner Person aufgefallen ist?

19|07 M: Ihr Lächeln!

19|08 J: Wirklich?

19|09 M: Warum überrascht Sie das?

19|10 J: Ich dachte, dass Männer sich im Allgemeinen zuerst für andere Dinge interessieren.

19|11 M: Wie was zum Beispiel?

19|12 J: Nun, für die Figur, die Kurven ...

19|13 M: Einige Männer vielleicht, wahrscheinlich zu viele. Aber ich finde Gesichter faszinierend. Nicht nur die, die hübsch sind, und das Ihre ist es ...

19|14 J: Danke, Miguel.

19|15 M: Ich ziehe ein Gesicht vor, das Persönlichkeit ausdrückt. Ein Gesicht, das gewissermaßen die Person dahinter widerspiegelt. Verstehen Sie, was ich meine?

19|16 J: Ja, ich glaube schon.

Dekodierte Fassung

Lección Decimonovena: Conocerse mejor (Fin)
Lektion Neunzehnte: Kennenlernen_sich besser (Ende)

19|01 M: Sabe, es extraño pero usted me agradó enseguida.
Wissen Sie, es ist seltsam aber Sie mir gefielen sofort.

19|02 J: ¿Qué hay de extraño en ello?
¿Was es hat_da von Seltsamem daran?

19|03 M: Disculpe. No quise decir eso. Quise decir que
Entschuldigen Sie. Ich nicht wollte sagen dies. Ich wollte sagen dass

es extraño que a uno le guste como norma una persona
es ist seltsam dass zu einem ihm gefällt in_der_Regel eine Person

desde el principio, o nunca. Hasta ahora conozco pocas excepciones.
von_Anfang_an, oder niemals. Bisher ich kenne wenige Ausnahmen.

19|04 J: Es cierto. Porque cuando nos agrada alguien deseamos
Das ist wahr. Weil wenn uns gefällt jemand wir wünschen

volver a verle para conocerle mejor. Pero cuando
zurückkehren zu sehen_ihn für kennenlernen_ihn besser. Aber wenn

no nos agrada alguien en particular, no nos esforzamos
nicht uns gefällt jemand besonders, wir nicht uns bemühen dar‿

en conocerle más a fondo.
um kennenlernen_ihn mehr gründlich.

19|05 M: Sí, las primeras impresiones pueden ser muy fuertes, Juana. Y mi
Ja, die ersten Eindrücke können sein sehr stark, Juana. Und mein

primera impresión sobre usted ha sido muy favorable desde un principio.
erster Eindruck über Sie hat gewesen sehr positiv von_Anfang_an.

19|06 J: ¿Qué ha sido lo primero que le llamó la atención
¿Was hat gewesen das Erste das Ihnen rief die Aufmerksamkeit

de mi persona?
von meiner Person?

19|07 M: ¡Su sonrisa!
¡Ihr Lächeln!

19|08 J: ¿De veras?
¿Wirklich?

19|09 M: ¿Por qué le sorprende?
¿Warum das Sie überrascht?

19|10 J: Yo creí que generalmente los hombres se interesaban primero
Ich glaubte dass im_Allgemeinen die Männer sich interessierten zuerst

por otras cosas.
für andere Dinge.

19|11 M: ¿Como qué, por ejemplo?
¿Wie was, für Beispiel?

19|12 J: Bueno, por la figura, las curvas …
Nun, für die Figur, die Kurven …

19|13 M: Algunos hombres, tal vez, probablemente demasiados. Pero yo encuentro
Einige Männer, vielleicht, wahrscheinlich zu_viele. Aber ich finde

fascinantes las caras. No sólo las que son bellas, pero la
faszinierend die Gesichter. Nicht nur die die sind hübsch, aber das

suya lo es …
Ihre es ist …

19|14 J: Gracias, Miguel.
Danke, Miguel.

19|15 M: Yo prefiero una cara que expresa personalidad. Una cara que
Ich vorziehe ein Gesicht das ausdrückt Persönlichkeit. Ein Gesicht das

refleja la persona que está detrás de ella, por así decirlo.
widerspiegelt die Person die ist dahinter von ihm, gewissermaßen.

¿Entiende lo que quiero decir?
¿Verstehen Sie das was ich will sagen?

19|16 J: Sí, creo que sí.
Ja, ich glaube dass ja.

Spanische Fassung

Lección Decimonovena: Conocerse mejor (Fin)

19|01 M: Sabe, es extraño pero usted me agradó enseguida.
19|02 J: ¿Qué hay de extraño en ello?
19|03 M: Disculpe. No quise decir eso. Quise decir que es extraño que a uno le guste como norma una persona desde el principio, o nunca. Hasta ahora conozco pocas excepciones.
19|04 J: Es cierto. Porque cuando nos agrada alguien deseamos volver a verle para conocerle mejor. Pero cuando no nos agrada alguien en particular, no nos esforzamos en conocerle más a fondo.
19|05 M: Sí, las primeras impresiones pueden ser muy fuertes, Juana. Y mi primera impresión sobre usted ha sido muy favorable desde un principio.
19|06 J: ¿Qué ha sido lo primero que le llamó la atención de mi persona?
19|07 M: ¡Su sonrisa!
19|08 J: ¿De veras?
19|09 M: ¿Por qué le sorprende?
19|10 J: Yo creí que generalmente los hombres se interesaban primero por otras cosas.
19|11 M: ¿Como qué, por ejemplo?
19|12 J: Bueno, por la figura, las curvas …
19|13 M: Algunos hombres, tal vez, probablemente demasiados. Pero yo encuentro fascinantes las caras. No sólo las que son bellas, pero la suya lo es …
19|14 J: Gracias, Miguel.
19|15 M: Yo prefiero una cara que expresa personalidad. Una cara que refleja la persona que está detrás de ella, por así decirlo. ¿Entiende lo que quiero decir?
19|16 J: Sí, creo que sí.

Lektion 20: Alter und Zeit

20|01 M: Ich meine auch, dass Personen natürlich altern sollen. Das Gesicht einer Person soll die Vergangenheit ehrlich widerspiegeln. Ich glaube nicht an ästhetische Gesichtsoperationen oder andere kosmetische Tricks, damit eine sechzigjährige Frau wie mit dreißig aussieht.

20|02 J: Wie bei Joan Collins. Ich las einmal ein Interview, in dem sie zugab, dass sie etwa drei Stunden am Tag der „Verjüngung“ widmet, wie sie sich ausdrückte!

20|03 M: Das ist dasselbe, als würde man mitten im Herbst vorgeben, dass Frühling ist …

20|04 J: … oder im Winter, dass Sommer ist. Apropos, in welcher Jahreszeit haben Sie Geburtstag?

20|05 M: Nächsten Monat. Am 29. Mai, um genau zu sein.

20|06 J: Wie witzig. Mein Geburtstag ist am 29. September! Eigentlich hat meine Mutter erwartet, dass ich am ersten Oktober geboren werde, weil da mein großer Bruder seinen Geburtstag feiert. Aber ich hatte es eilig, geboren zu werden. Sie kam im letzten Moment im Krankenhaus an. Sie kam um 10 Uhr abends an, und ich wurde um Viertel nach 10 geboren!

20|07 M: Ich habe nicht die geringste Ahnung, um welche Uhrzeit ich geboren wurde, und ich weiß auch nicht, ob es Tag oder Nacht war. Apropos Zeit, wie viel Uhr ist es?

20|08 J: Fast zwei Uhr morgens. Ich hatte keine Ahnung, dass es so spät oder so früh ist.

20|09 M: Ich auch nicht. Ich hätte geglaubt, es wäre 12 Uhr nachts.

20|10 J: In Ihrer Gesellschaft verfliegt die Zeit, Miguel.

20|11 M: Nun, die Zeit verfliegt immer, wenn wir sie gut verbringen. Ich glaube, ich sollte jetzt gehen. Ich muss meinem Kunden ein Fax schicken, um unser Treffen hier am Montag zu bestätigen. Aber wenn Sie morgen Zeit haben, könnten wir gemeinsam zu Mittag essen?

20|12 J: Das würde mir sehr gefallen. Wie wäre es, wenn wir hier bei mir zu Hause essen würden? Salat, Gemüse und Steak?

20|13 M: Klingt gut. Um 1 Uhr mittags?

20|14 J: 1 Uhr mittags ist gut. Gute Nacht oder eher guten Tag, Miguel.

20|15 M: Gute Nacht, Juana. Schlafen Sie gut und angenehme Träume.

Dekodierte Fassung

Lección Vigésima: Edad y tiempo
Lektion Zwanzigste: Alter und Zeit

20|01 M: Opino también que las personas deben envejecer naturalmente. La
Ich meine auch dass die Personen sollen altern natürlich. Das

cara de una persona debe reflejar sinceramente el
Gesicht von einer Person soll widerspiegeln ehrlich die

pasado. Yo no creo en operaciones estéticas en la
Vergangenheit. Ich nicht glaube an Operationen ästhetische in dem

cara, u otros trucos cosméticos, para que una mujer de
Gesicht, oder andere Tricks kosmetische, damit eine Frau von

sesenta parezca tener sólo treinta.
sechzig scheint haben nur dreißig.

20|02 J: Igual que Joan Collins. Una vez leí una entrevista en la que
Wie_bei Joan Collins. Ein Mal ich las ein Interview in dem dass

ella admitía que dedicaba unas tres horas al día para,
sie zugab dass sie widmete einige drei Stunden an_dem Tag für,

según lo expresó, “¡rejuvenecerse!”
wie sie es ausdrückte, „¡verjüngen_sich!“

20|03 M: Éso es lo mismo que aparentar, que es primavera en pleno otoño …
Dies ist das‿ selbe wie vorgeben, dass es ist Frühling in vollem Herbst …

20|04 J: … o verano en invierno. A propósito, ¿en qué
… oder Sommer in dem Winter. Apropos, ¿in was für einer

estación del año tiene usted cumpleaños?
Jahreszeit haben Sie Geburtstag?

20|05 M: El próximo mes. El día 29 de mayo, para ser exacto.
Den nächsten Monat. Den Tag 29. von Mai, für sein genau.

20|06 J: Qué gracia. ¡Mi cumpleaños es el 29 de septiembre!
Was für ein Witz. ¡Mein Geburtstag ist der 29. von September!

En realidad, mi madre esperaba que yo naciera el primero
Eigentlich, meine Mutter erwartete dass ich geboren_würde den ersten

de octubre, cuando celebra su cumpleaños mi hermano mayor.
von Oktober, wenn feiert seinen Geburtstag mein Bruder größerer.

Pero yo tuve prisa en nacer. Ella entró en el
Aber ich hatte Eile in geboren_werden. Sie eintrat in das

hospital en el último momento. Llegó a las diez de
Krankenhaus in dem letzten Moment. Sie ankam um die zehn von

la noche, ¡y yo nací a las diez y quince minutos!
dem Abend, ¡und ich geboren_wurde um die zehn und fünfzehn Minuten!

20|07 M: Yo no tengo la menor idea de la hora en que
Ich nicht habe die geringste Ahnung von der Stunde in der ich

nací, ni sé si fue de día o de noche.
geboren_wurde, noch ich weiß ob es war von Tag oder von Nacht.

A propósito tiempo, ¿qué hora es?
Apropos Zeit, ¿was Stunde es ist?

20|08 J: ¡Casi las dos de la mañana! No tenía ni idea
¡Fast die zwei von dem Morgen! Ich nicht hatte keine Ahnung da‿

de que fuera tan tarde, o tan temprano!
von dass es wäre so spät, oder so früh!

20|09 M: Yo tampoco. Creía que serían las doce de la noche.
Ich auch_nicht. Ich glaubte dass es wären die zwölf von der Nacht.

20|10 J: En su compañía el tiempo vuela, Miguel.
In Ihrer Gesellschaft die Zeit verfliegt, Miguel.

20|11 M: Bueno, el tiempo vuela siempre que lo pasamos bien.
Nun, die Zeit verfliegt immer dass wir sie verbringen gut. Ich

Creo que debería irme ya. Tengo que enviar un
glaube dass ich sollte gehen_mich schon. Ich habe zu schicken ein

fax a mi cliente, confirmando nuestro encuentro aquí, el
Fax an meinen Kunden, bestätigend unser Treffen hier, den

lunes. Pero, si usted tiene libre mañana, ¿podríamos
Montag. Aber, falls Sie haben frei morgen, ¿könnten wir

almorzar juntos?
zu_Mittag_essen gemeinsam?

20|12 J: Me agradaría mucho. ¿Qué tal si comiéramos
Das mir gefallen_würde viel. ¿Wie_wäre_es falls wir essen_würden

aquí en mi casa? ¿Ensalada, legumbres y bistec?
hier in meinem Haus? ¿Salat, Gemüse und Steak?

20|13 M: Me parece bien. ¿A la una de la tarde?
Es mir scheint gut. ¿Um die eins von dem Mittag?

20|14 J: A la una de la tarde está bien. Buenas noches, o más bien
Um die eins von dem Mittag ist gut. Gute Nächte, oder eher

buenos días, Miguel.
gute Tage, Miguel.

20|15 M: Buenas noches, Juana. Duerma usted bien y que tenga sueños
Gute Nächte, Juana. Schlafen Sie gut und dass Sie haben Träume

agradables.
angenehme.

Lección Vigésima: Edad y tiempo

20|01 M: Opino también que las personas deben envejecer naturalmente. La cara de una persona debe reflejar sinceramente el pasado. Yo no creo en operaciones estéticas en la cara, u otros trucos cosméticos, para que una mujer de sesenta parezca tener sólo treinta.

20|02 J: Igual que Joan Collins. Una vez leí una entrevista en la que ella admitía que dedicaba unas tres horas al día para, según lo expresó, "¡rejuvenecerse!"

20|03 M: Éso es lo mismo que aparentar, que es primavera en pleno otoño …

20|04 J: … o verano en invierno. A propósito, ¿en qué estación del año tiene usted cumpleaños?

20|05 M: El próximo mes. El día 29 de mayo, para ser exacto.

20|06 J: Qué gracia. ¡Mi cumpleaños es el 29 de septiembre! En realidad, mi madre esperaba que yo naciera el primero de octubre, cuando celebra su cumpleaños mi hermano mayor. Pero yo tuve prisa en nacer. Ella entró en el hospital en el último momento. Llegó a las diez de la noche, ¡y yo nací a las diez y quince minutos!

20|07 M: Yo no tengo la menor idea de la hora en que nací, ni sé si fue de día o de noche. A propósito tiempo, ¿qué hora es?

20|08 J: ¡Casi las dos de la mañana! No tenía ni idea de que fuera tan tarde, o tan temprano!

20|09 M: Yo tampoco. Creía que serían las doce de la noche.

20|10 J: En su compañía el tiempo vuela, Miguel.

20|11 M: Bueno, el tiempo vuela siempre que lo pasamos bien. Creo que debería irme ya. Tengo que enviar un fax a mi cliente, confirmando nuestro encuentro aquí, el lunes. Pero, si usted tiene libre mañana, ¿podríamos almorzar juntos?

20|12 J: Me agradaría mucho. ¿Qué tal si comiéramos aquí en mi casa? ¿Ensalada, legumbres y bistec?

20|13 M: Me parece bien. ¿A la una de la tarde?

20|14 J: A la una de la tarde está bien. Buenas noches, o más bien buenos días, Miguel.

20|15 M: Buenas noches, Juana. Duerma usted bien y que tenga sueños agradables.

Epilog Teil 2: Wie man weitermacht

2E|01 M: Also, wir sind am Ende des zweiten Teils dieses Spanischkurses angekommen.

2E|02 J: Sie haben einen guten Anfang in der neuen Sprache geschafft. Sie haben ausreichende Kenntnisse erworben, wie man mit der Birkenbihl-Methode lernt, und eine ganze Menge von Begriffen gelernt, ohne zu versuchen, Wortschatz oder Grammatikregeln zu lernen.

2E|03 M: Sie werden jetzt weitermachen wollen. Weil nachdem der schwierigste Teil überwunden ist, der erste Teil der Reise in eine fremde Sprache, wird das Weitermachen für Sie immer leichter. Deshalb wäre es schade, es an diesem Punkt zu beenden.

2E|04 J: Außerdem raten wir Ihnen, dass Sie den vorliegenden Kurs von Zeit zu Zeit immer wieder anhören, sodass sein Inhalt Ihnen immer vertrauter wird.

2E|05 M: Umgeben Sie sich regelmäßig mit der spanischen Sprache. So haben Sie das Gefühl, im Ursprungsland zu leben. Dies ist die Erklärung dafür, dass man im Ausland besser lernt.

2E|06 J: Im Ursprungsland sind Sie von der Sprache umgeben. Egal, ob man in ein Restaurant, an den Bahnhof oder auf die Straße geht, Sie hören ständig Leute die einheimische Sprache sprechen.

2E|07 M: Aus diesem Grund werden Sie, wenn Sie diesen Kurs aufmerksam anhören, während Sie andere Dinge tun, oder aktiv während einer Reise oder während eines Spaziergangs, fortwährend ihre Kenntnisse weiter vertiefen.

2E|08 J: Sie haben den schwierigsten Teil des zurückzulegenden Weges in unsere Sprache schon überwunden. Dazu gratulieren wir Ihnen und wünschen Ihnen weiter viel Glück. Bis dann!

2E|09 M: Bis dann, und alles Gute für Ihre Zukunft!

Dekodierte Fassung

Epílogo: Cómo proseguir
Epilog: Wie weitermachen

2E|01 M: Así hemos llegado al final de la segunda parte de
Also wir haben angekommen an_dem Ende von dem zweiten Teil von

este curso de español.
diesem Kurs von Spanisch.

2E|02 J: Ustedes han logrado un buen comienzo en la nueva lengua.
Sie haben geschafft einen guten Anfang in der neuen Sprache.

Han adquirido suficientes conocimientos de cómo aprender
Sie haben erworben ausreichende Kenntnisse da‿ von wie lernen

con el método Birkenbihl, y aprendido gran cantidad de conceptos
mit der Methode Birkenbihl, und gelernt große Menge von Begriffen

sin haber intentado estudiar el vocabulario o las reglas
ohne haben versucht lernen den Wortschatz oder die Regeln

gramaticales.
grammatikalischen.

2E|03 M: Usted deseará ahora continuar. Porque luego de haber
Sie wünschen_werden jetzt weitermachen. Weil danach von haben

superado la parte más difícil, la primera parte del
überwunden den Teil meist schwierigen, den ersten Teil von_der

viaje a un idioma extranjero, proseguir le será cada vez
Reise in eine Sprache fremde, weitermachen Ihnen sein_wird immer

más facil. Por lo tanto, sería una lástima suspenderlo en este punto.
mehr leicht. Deshalb, es wäre ein Jammer beenden_es an diesem Punkt.

2E|04 J: Aparte de esto, le aconsejamos que, de tiempo en tiempo,
Außerdem, wir Ihnen raten dass, von Zeit zu Zeit, Sie

escuche una y otra vez el presente curso, de manera que su
anhören immer_wieder den vorliegenden Kurs, sodass sein

contenido le sea cada vez más familiar.
Inhalt Ihnen sei immer mehr vertraut.

2E|05 M: Rodéese con el idioma español regularmente. Así
Umgeben_Sie_sich mit der Sprache spanischen regelmäßig. So Sie

tendrá la sensación de vivir en el país de origen.
haben_werden das Gefühl von leben in dem Land von Ursprung.

Ésa es la explicación de que se aprenda mejor en el extranjero.
Dies ist die Erklärung da‿ von dass sich lernt besser in dem Ausland.

2E|06 J: En el país de origen, usted está rodeado por el idioma.
In dem Land von Ursprung, Sie sind umgeben von der Sprache.

Igual si se va al restaurante, a la estación, o sale
Egal ob sich geht in_das Restaurant, an den Bahnhof, oder hinausgeht

a la calle, usted oye constantemente a la gente que habla
auf die Straße, Sie hören ständig zu den Leuten die sprechen

el idioma nativo.
die Sprache einheimische.

2E|07 M: Por esa razón, si usted escucha con atención este
Durch diesen Grund, falls Sie anhören mit Aufmerksamkeit diesen

curso mientras hace otras cosas, o activamente durante un
Kurs während Sie tun andere Dinge, oder aktiv während einer

viaje, o mientras da un paseo, seguirá
Reise, oder während Sie geben einen Spaziergang, Sie fortfahren_werden

profundizando permanentemente sus conocimientos.
vertiefend fortwährend Ihre Kenntnisse.

2E|08 J: Usted ha superado ya la parte más difícil del
Sie haben überwunden schon den Teil meist schwierigen von_dem

camino a recorrer en nuestro idioma. Por ello le
Weg zu zurücklegen in unsere Sprache. Dazu wir Ihnen

felicitamos y seguimos deseándole buena suerte. ¡Hasta luego!
gratulieren und fortfahren wünschend_Ihnen gutes Glück. ¡Bis dann!

2E|09 M: ¡Hasta luego, y todo lo mejor para su futuro!
¡Bis dann, und all das Beste für Ihre Zukunft!

Spanische Fassung

Epílogo: Cómo proseguir

2E|01 M: Así hemos llegado al final de la segunda parte de este curso de español.

2E|02 J: Ustedes han logrado un buen comienzo en la nueva lengua. Han adquirido suficientes conocimientos de cómo aprender con el método Birkenbihl, y aprendido gran cantidad de conceptos sin haber intentado estudiar el vocabulario o las reglas gramaticales.

2E|03 M: Usted deseará ahora continuar. Porque luego de haber superado la parte más difícil, la primera parte del viaje a un idioma extranjero, proseguir le será cada vez más facil. Por lo tanto, sería una lástima suspenderlo en este punto.

2E|04 J: Aparte de esto, le aconsejamos que, de tiempo en tiempo, escuche una y otra vez el presente curso, de manera que su contenido le sea cada vez más familiar.

2E|05 M: Rodéese con el idioma español regularmente. Así tendrá la sensación de vivir en el país de origen. Ésa es la explicación de que se aprenda mejor en el extranjero.

2E|06 J: En el país de origen, usted está rodeado por el idioma. Igual si se va al restaurante, a la estación, o sale a la calle, usted oye constantemente a la gente que habla el idioma nativo.

2E|07 M: Por esa razón, si usted escucha con atención este curso mientras hace otras cosas, o activamente durante un viaje, o mientras da un paseo, seguirá profundizando permanentemente sus conocimientos.

2E|08 J: Usted ha superado ya la parte más difícil del camino a recorrer en nuestro idioma. Por ello le felicitamos y seguimos deseándole buena suerte. ¡Hasta luego!

2E|09 M: ¡Hasta luego, y todo lo mejor para su futuro!

Notizen

Notizen

Sämtliche Sprachkurse und Seminar-Videos finden Sie auf

www.birkenbihl-sprachen.de

sowie

www.birkenbihl.tv

Die Internetangebote werden laufend aktualisiert und erweitert.